D1723876

KLAUS LOOSE

DAS BAMBERGER
MARIONETTEN
THEATER

. . . es war wie der Fund einer blauen Mauritius

HEINRICHS-VERLAG GMBH
Bayerische Verlagsanstalt Bamberg

Widmung in eigener Sache

Dieses Theater ist ein ganz anderes Marionettentheater als alle anderen (wobei der Begriff „Marionette" alle Arten von Figuren umfasst, mit denen man Theater spielt). Hergestellt 1821, bietet es in einem immer noch wachsenden Repertoire als ein lebendiges Theatermuseum klassische und romantische Aufführungen genau nach den Anweisungen ihrer Autoren.

Als es 1821 gebaut wurde, gab es überhaupt kein Kindertheater, von dem heute die meisten Marionettentheater leben. Man führte Kinder ins große Theater, wenn man meinte, dass sie den Aufführungen folgen konnten. Wir sind ein Theater für alle. Eben dadurch, dass wir kein Kindertheater machen, sind wir – auch! – ein Theater für Kinder, wie das die große Bühne seit jeher war, schon vor und noch lange nach der Zeit, als das Bamberger Marionettentheater 1821 in Berlin von einem Theatermann gebaut wurde.

Was auf die Bühne kam, wurde damals auch nicht umgedeutet. Man richtete sich genau nach den Anweisungen der Verfasser, und jeder Theaterschaffende fühlte sich als Erfüllungsgehilfe das Autors.

Das Theater blühte auf dem Humus des christlichen Abendlandes.

Von politischer Einflussnahme blieb unsere Bühne bisher verschont.

Ein eigener Förderverein, der das Theater betreibt, achtet auf die Wahrung dieser Grundsätze.

Das alles soll, das ist mein Vermächtnis, bei dieser Bühne auch künftig so bleiben.

Sie hat damit einen inzwischen weltweiten Ruf erworben. Verlässt sie den eingeschlagenen Weg, so wird aus ihr mit der Zeit eine Puppenbühne wie viele tausend andere.

2. Auflage 2005
Heinrichs-Verlag GmbH, Bamberg
© 1997, Bayerische Verlagsanstalt GmbH, Bamberg
Alle Rechte der Vervielfältigung und Vertreibung
einschließlich Film, Funk und Fernsehen sowie der
Fotokopie und des auszugsweisen Nachdruckes vorbehalten.
Text: Klaus Loose mit einem Beitrag von Rainer Lewandowski (Seite 4 und 5),
Intendant des E.T.A.-Hoffmann-Theaters in Bamberg
Fotos: Peter Eberts
Lithos: Kreisl, Digital und Printmedien GmbH, Hof/Saale
Lektorat und Rückseitentext: Dr. Karl Schuster
Gestaltung und Konzeption: Werbeagentur Compress Media, Bamberg
Umschlaggestaltung: Uwe Simmrock
Herstellung: Bayerische Verlagsanstalt Bamberg
Druck und Bindung: Haßfurter Druck & Verlag GmbH, Haßfurt
Printed in Germany
ISBN 3-89889-029-5

Bibliografische Information Der Deutschen Bibliothek

Die Deutsche Bibliothek verzeichnet diese Publikation in der Deutschen Nationalbibliografie; detaillierte bibliografische Daten sind im Internet über http://dnb.ddb.de abrufbar.

INHALTSVERZEICHNIS

EIN BLICK IN DIE GROSSE WELT DES THEATERS – GANZ KLEIN

In der Unteren Sandstraße, einer viel befahrenen Ausfallstraße Bambergs, steht das Staubsche Haus. An den grauen Toren seiner großen Durchfahrt ist ein kleines Schild befestigt: *„Bamberger Marionettentheater Loose"*. Viele der fremden Besucher der Stadt, die dieses Haus, touristisch gen Altstadt orientiert, passieren und das Schild lesen, fällt es gelegentlich als kleines Kuriosum auf, und sie wähnen in diesem Haus so etwas wie die Heimstatt des ihnen aus ihrer Kindheit wohlbekannten Kaspers mit dem Krokodil, der Oma und seiner Gretel, die, an langen Fäden hängend, ihre bekannten Scherze zum Vergnügen der Kinder treiben.

Welch ein Irrtum!

Das Marionettentheater von Klaus Loose ist von einer Marionettenbühne der volkstümlichen Art weit entfernt. Es ist großes Theater im Kleinen.

Wer die Durchfahrt durchschritten hat und in den Treppenflur eintritt, wird sofort erkennen, dass er es hier mit einem besonderen Theater zu tun hat. Die Gestaltung des Aufgangs, die Tür mit den gemalten Füllungen, das Grußwort des ehemaligen bayerischen Ministerpräsidenten, die Konterfeis des alten und des jungen Goethe, das Bildnis Friedrich Schillers, das alles weist darauf hin.

Wer läutet, dem wird aufgetan – und er tritt in eine andere Welt. Der Flur der Bel-Etage, in der das Theater arbeitet, ähnelt einer mit Spalieren und Blumenranken angelegten Gartenansicht, deren perspektivisch ins Unendliche verlängerter Flur ein Gefühl großzügiger Räumlichkeit bis hinein in die Wolken vermittelt, die allerdings, wie der Betrachter sich vernünftigerweise zugestehen muss, nur auf einer Täuschung beruhen kann, denn so weitläufig kann diese Etage baulich gar nicht sein.

Dann öffnen sich die Pforten des Zuschauerraums. Nur wenige Plätze bieten sich den Gästen dar, alle ausgerichtet auf den zentralen Punkt der Perspektive und des Geschehens: die Bühne.

Noch ist diese verhängt, ein bemalter Theatervorhang versperrt die Sicht ins Innere, obwohl die Herren des Orchesters schon Platz genommen haben. Liebevoll beleuchtet sitzen die Figuren, die das Orchester darstellen, in erwartungsvoller Spannung vor dem Vorhang und harren des Beginns der Vorstellung.

An den anderen Wänden des kleinen, aber erlesenen Theatersaals mit den handgedruckten Tapeten des frühen 19. Jahrhunderts stehen weitere Bühnen, Beispiele des Papiertheaters, das ebenfalls im Hause Loose gepflegt wird.

Dann nimmt der leise staunende, befangene und ergriffene Besucher Platz, und nach der Begrüßung durch den Böhmischen Klopfer, assistiert vom Hausherrn selbst, verdunkelt sich der Saal, das Vorspiel beginnt, die musikalische Einstimmung, und der Theatervorhang erstrahlt in neuem Licht, bis er sich hebt und den Blick freigibt in jene andere Welt, die das Marionettentheater Klaus Loose auszeichnet: Der Blick in die große Welt des Theaters – ganz klein.

Alles ist da. Die Dekorationen sind detailreich und detailtreu und detailgenau gestaltet, sie bilden in der Gassenbühne eine harmonische, plastisch wirkende Perspektivität. Die Beleuchtung hebt hervor, was bedeutend ist am Geschehen, lässt im ungewissen Halbdunkel die atmosphärischen Accessoires, während das Spiel auf der Bühne in Dialog und Gesang langsam die Sinne des Betrachters anzieht und jene andere Welt für uns erschließt.

Und das Seltsame geschieht: Nach kurzer Zeit ist der Zuschauer gefangen, gefangen in der Welt der agierenden Personen, ist in deren Ängste und Freuden eingeweiht, fühlt mit, denkt mit, kurz, ein Theatererlebnis nimmt seinen Lauf und scheinbar vergessen ist das eine, ist der wesentliche Unterschied: die, die da vorne auf ihrer Bühnenwelt agieren, sind keine lebendigen Menschen, sie sind hölzerne Gestelle, mit Drahtschlaufen verbundene Glieder, prachtvoll bemalt und kostümiert, mit der Fähigkeit nur weniger Bewegungen, die sie noch nicht einmal selbst verrichten; denn, wenn man genau hinsieht, sieht man tatsächlich ab und zu dünne, schwarze Fäden, an denen sie hängen, mit denen sie bewegt werden, die sie handeln machen, genau wie in dem alten Gleichnis der Welt und einer Gottesvorstellung, nach der einer alle Fäden zieht . . .

Die Illusion ist perfekt. Die Sinne sind überwältigt.

Und genau das ist es, was das Marionettentheater von Klaus Loose auszeichnet und zu einem Erlebnis macht, zu einem Theatererlebnis besonderer Art.

In jedem Detail spürt man die Liebe zur Sache, nein, mehr noch, die Liebe zu den Figuren. Mit Bedacht und Kunstverstand sind sie geschaffen, hergestellt, geschminkt, bemalt, kostümiert, angezogen mit reichen Stoffen, deren Faltenwurf bewusst gestaltet ist, ebenso wie die Räume oder Landschaften, in denen sie agieren, genauer: in denen sie „agiert werden". Denn die teilweise jahrelange Vorbereitung gilt nicht nur der Bühnengestaltung, der Dekoration und dem Personenentwurf, auch die wichtige Probenphase, die Regie und

Choreografie der bewegten Figuren ist gründlich vorbereitet und zu Musik oder Wort eingeübt von erfahrenen Spielerinnen und Spielern. Denn auch das ist das Marionettentheater von Klaus Loose, ein Zusammenschluss vieler theaterbegeisterter Mitarbeiterinnen und Mitarbeiter, vieler Marionettentheaterbegeisterter, die wissen, dass sie gerade in ihrem Theater technisch und künstlerisch Illusionen verwirklichen können, zu denen das „große" Theater der lebendigen Darsteller nicht immer in der Lage ist.

Und so wird jeder Besuch im Staubschen Haus zu einem Theatererlebnis ganz eigener Empfindungen – ein Blick in die große Welt des Theaters – ganz klein.

Und in diesem Sinne wird dieses liebevoll ausgestattete und illustrierte Buch jedem bereits erfahrenen und jedem neuen Besucher des „Bamberger Marionettentheater Loose" Anregung, Erinnerung und Information zugleich sein – ein selten gewährter Blick in diese kleine Welt des Theaters – ganz groß.

Rainer Lewandowski

Es lebe Sarastro, der göttliche Weise,
Er lohnet und strafet in ähnlichem Kreise

5

EINLEITUNG

Dieses Buch ist eine Liebeserklärung an das Theater, aber es ist möglich, dass das Theater es nicht merkt. Früh begann alles, wie es sich für eine erste Liebe gehört, sogar sehr früh: mit neun Jahren nämlich. Es gab manches Auf und Ab in dieser Liebesgeschichte, kindliche Versuche, die abrupt unterbrochen wurden durch die Einberufung als Luftwaffenhelfer, Einmarsch der Roten Armee mit Plünderung und Verwüstung auch eines ersten Theaters, Nachkriegssorgen um das bloße Überleben, Flucht nach Westberlin. Dort kreuzte eines Tages jenes schöne alte Theater meinen Weg, von dem in diesem Buch berichtet werden soll. Inzwischen gab es einen beruflichen Ortswechsel nach Oldenburg (Oldb). In dieser norddeutschen ehemaligen Residenzstadt fand die erste Premiere in einer fast hoffmannesken Konstellation statt. Jedenfalls kann man sie, rückblickend von der E.T.A.-Hoffmann-Stadt Bamberg aus, so nennen. Im vorigen Jahrhundert gab es dort am Großherzoglichen Hoftheater einen Konzertmeister, der alte Puppentheatertexte sammelte. Er stenografierte sie in Vorstellungen mit, oder sie wurden ihm von den Prinzipalen als „Heiligtümer" überlassen. Sie liegen in der dortigen Staatsbibliothek gedruckt vor. Einer der Texte war das Barockschauspiel „Don Juan oder der Steinerne Gast". Darin gab es einen szenischen Vorgang, der auf einem Marionettentheater nur dargestellt werden kann, wenn ein Tisch mit einer gewissen Verwandlungsmaschinerie vorhanden ist. Und genau solch ein Tisch fand sich im Fundus jenes alten Theaters aus dem Jahre 1821! Tisch und Text führten dazu, das Stück zur ersten Premiere auszuwählen. Am 5. April

1962, vor 43 Jahren, hob sich zum ersten Mal der Vorhang. Sowohl zur ersten als auch jetzt zur zweiten Auflage hat der Förderverein das Erscheinen dieses Buches möglich gemacht.

Dieser Tag ist bis heute ein denkwürdiger Tag geblieben. Da kommt man aus Berlin nach Oldenburg, im Umzugsgut ein Theater mit einem merkwürdigen, anscheinend nicht zu identifizierenden Versatzstück „Tisch", und spielt nun dort dasselbe Drama, das 1821 schon in Berlin auf diesem Theater gespielt und zwei Generationen später in Oldenburg in den Druck gegeben worden ist, so dass es nun, nach zwei weiteren Generationen, dort abermals gespielt werden konnte.

Mein Vater hatte mir einst den Rat gegeben, das zu tun, worum sich die anderen nicht kümmern. Man würde das heute die Ausschau nach einer Marktlücke nennen. Ich fand diese Marktlücke, besser, ich wurde durch das Theater und das Stück zu ihr geführt. Denn nun entwickelte sich das, was heute in diesem Buch präsentiert werden kann: ein „theatergeschichtliches Monument", wie es der Förderverein unseres Theaters nennt. Wir spezialisierten uns darauf, alte Stücke so zu spielen, wie sie in der Klassik und Romantik auf dem großen (menschlichen) Theater dargeboten wurden, und zwar bis in die Einzelheiten der Dekoration und Beleuchtung hinein. Mit einem Marionettentheater ist das möglich, mit anderen Formen des Puppentheaters, etwa Handpuppen oder Schattenfiguren, wäre es nicht zu realisieren.

Uns ist in Deutschland keine andere Bühne bekannt, die sich dieses Ziel gesetzt hat, das nichts Geringeres bewirken will, als Vergangenheit bei jedem Spielabend lebendig werden zu lassen. Das ist ein bewusster und gewollter Gegensatz (man kann es auch eine Ergänzung nennen) zu Theatermuseen, die sich darauf be-

schränken müssen, Vergangenes in Modellen oder gelegentlich (wie in Meiningen mit seinem erhaltenen großen Fundus) auch in Originalen *zeigen* zu können und allenfalls in Seminaren oder Führungen Erläuterungen zu vermitteln. Unser Bemühen geht auf die Darbietung eines Ganzen. Wer hier im Parkettsessel sitzt und etwa den Don Juan sieht, erlebt den Text so, als säße er um 1750 irgendwo in Dresden, Weimar oder Berlin vor einer großen „menschlichen" Bühne.

Man nennt dieses Theater gern einen Geheimtip und meint, es sei schwer, hineinzukommen, weil es ständig ausverkauft sei. Dies aber ist ein Gerücht, das wohl darauf beruht, daß ein so kleines Haus sich natürlich so gut wie keine Werbung erlauben kann. In Wirklichkeit ist es nicht schwer, hineinzugelangen.

Aus dem einen längeren Zeitraum ausweisenden Spielplan oder aus dem Internet lassen sich die Telefonnummern für den Vorverkauf zu den meist zweimal wöchentlich stattfindenden Vorstellungen entnehmen. Außerdem gibt es Sondervorstellungen, eine Möglichkeit, von der oft und gern von Familien, Firmen, kleinen Reisegruppen und Freundeskreisen Gebrauch gemacht wird. Tag und Stück sucht man sich dann selber aus.

Ich verstehe mich als Prinzipal unseres Theaters; und so möge man es mir nachsehen, wenn ich mich im weiteren Verlauf der Darstellung in der dritten Person als *Prinzipal* bezeichne.

ES WAR WIE DER FUND
EINER BLAUEN MAURITIUS

Das Bamberger Marionettentheater verdankt seine heutige Existenz einem Fund, der eine Parallele etwa darin haben könnte, dass ein Briefmarkensammler auf eine blaue Mauritius stößt. In Berlin gibt es in der Eisenacher Straße ein Antiquitätenviertel, und manches dieser schönen, alten Geschäfte lag in einem Keller: vier, fünf Stufen abwärts, und man stand zwischen den Schätzen der Vergangenheit. In einem solchen Kellerladen fand der Prinzipal 1958 ein altes Marionettentheater aus dem Jahre 1821, wenig größer als die „Papiertheater" genannten häuslichen Theater des 19. Jahrhunderts, auf denen man sowohl mit Papierfiguren als auch mit Marionetten spielte. Im Unterschied zu diesen serienmäßig produzierten Spielzeugbühnen war das erworbene Theater ein Unikat, offensichtlich hergestellt von einem Theaterpraktiker.

Die Beschäftigung mit dem Miniaturtheater begann für den 1928 in Guben/Niederlausitz geborenen Prinzipal allerdings sehr viel früher. Im neunten Lebensjahr gab es ein Schlüsselerlebnis. Auf einem kleinen Familien-Marionettentheater, aufgestellt in einer Türöffnung zwischen zwei Zimmern, sah er „Die Prinzessin und der Schweinehirt". Nicht nur, dass er bis heute den Text auswendig hersagen kann, er spielt es seit Jahrzehnten wieder in der Vorweihnachtszeit als Hommage an seinen längst verstorbenen Onkel einige Male für Kinder. Mit dessen Sohn begann er damals selbst zu spielen, und nach Unterbrechungen durch Kriegsund Nachkriegszeit nahm er das als

junger Vater für die eigenen Kinder wieder auf – so lange, bis es zum oben erwähnten Glückskauf kam, der die Weichen zur heute noch betriebenen Art und Weise des theatergeschichtlich orientierten Spielens für Erwachsene stellte.

Eine lebenslange Beschäftigung mit dem großen Theater, der Theatertechnik und Theatergeschichte sorgte für die nötige Wissensgrundlage. Besonders fruchtbar war die langjährige Freundschaft mit einem der Großen des deutschsprachigen Theaters, dem Bühnenbildner Wilhelm Reinking, der zuletzt viele Jahre Ausstattungsleiter der Deutschen Oper Berlin war. Ihm verdankt der Prinzipal die Vervollkommnung aller Kenntnisse, die für die Organisation und Ausstattung eines anspruchsvollen Theaters gebraucht werden. Sie reichen von der Beherrschung einer barocken Verwandlungsmaschinerie über perspektivisch einwandfreie Entwürfe von Dekorationen bis zum Umgang mit der Beleuchtung und der Maschinerie.

Es entstand ein Spielplan aus Barockstücken und romantischen Schauspielen. Das Theater wird als Repertoiretheater geführt. Das bedeutet, dass Neueinstudierungen zusammen mit den älteren Inszenierungen regelmäßig gespielt werden und so das ganze Repertoire immer zur Verfügung steht. Ausnahmen gibt es gelegentlich zu aktuellen Anlässen, etwa zum Mozartjahr 1995.

Bevor das Theater sein heutiges Domizil in einem wie dafür geschaffenen Barockpalais in Bamberg fand, stand es in Oldenburg (Oldb). Dort rettete der Prinzipal ein aus Altersgründen aufgegebenes großes Wander-Marionettentheater für das dortige Landesmuseum. Das gab den Anlass, im Saal einer Kirchengemeinde

mit seinem Ensemble selbst ein großes Marionettentheater zu errichten, das etwa zehn Jahre lang bestand, bis es kurz vor dem Wegzug aus Oldenburg an eine andere Kirchengemeinde überging. In dieser Zeit gab es ständig Vorstellungen auf beiden Theatern, auf dem kleinen mit seinen wenigen Sitzplätzen und im Saal vor mehr als 60 Zuschauern, wo auch Kindertheater gespielt wurde.

Was nun das nach Bamberg mitgenommene alte, kleine Theater angeht, so hat es hier in einem städtischen Palais eine Bleibe gefun-den, wie sie idealer kaum gedacht werden kann. Getreu der Devise seines Lehrmeisters Wilhelm Reinking, „die Inszenierung beginnt im Foyer", richtete der Interieur- und Antiquitätenexperte Loose die Etage so ein, dass sie der Epoche des Gebäudes (Baujahr 1795) sowie des Theaters (Baujahr 1821) entspricht. Den Besucher empfangen heute handgedruckte Tapeten dreier berühmter Manufakturen Europas, deren Druckmodel aus den Jahren 1820 bis 1827 stammen, entsprechende Lüster und Möbel sowie in den Foyer-Räumen eine kleine Sammlung historischer Miniaturtheater und eine Spielzeugsammlung.

SCHAUSPIELER UND MARIONETTE

Es soll hier nicht die Rede sein von Kleists Aufsatz über das Marionettentheater, da der Kleist'sche Gliedermann eine ganz andere Figur ist als die kleinen, hier verwendeten Marionetten.

Das Bamberger Theater hat in jeder Beziehung winzige Ausmaße: Die Figuren sind etwa im Maßstab 1:10 gearbeitet, also nicht größer als 17 cm, und alle Möbel und Requisiten sowie die Dekorationen und natürlich auch die Maße des Bühnenportals richten sich nach dieser Vorgabe des kleinen Maßstabs. Das wirkt sich bis auf die Zuschauerseite aus; es gibt nur 25 Parkettplätze und weder Rang noch Logen, und diese 25 Plätze sind im Saal eines Barockpalais untergebracht, der mit ungefähr 45 Quadratmetern groß genug ist, um Atmosphäre zu haben, und der andererseits intim genug ist, um den Besuchern dieses kleinsten Theaters Bayerns eine harmonische Umgebung zu sein.

Nein, hier soll von einem merkwürdigen Phänomen gesprochen werden, das sich rational nur schwer erklären lässt. Der Zuschauer dieser Bühne erlebt zweierlei. Zum einen taucht er so hinein in die Welt von Dekorationen, Licht, Figuren und Sprache, dass sie ihm größer erscheint, als sie in Wirklichkeit ist. Zum andern vergisst er, dass die kleinen Figuren Nachteile der verschiedensten Art haben. Wie allen Puppen fehlt ihnen im Vergleich zum Men-

schen völlig die Möglichkeit des mimischen Ausdrucks, und auch im Vergleich zu Kleists Gliedermann und seinen leichtfüßigen Kollegen (man denke nur an die wundervoll beweglichen Figuren der Salzburger Marionettenbühne) sind ihre Grenzen eng gezogen. Ihre Bewegungen sind sehr sparsam, müssen sparsam sein, um keine Lächerlichkeit zu erregen, es ist nicht möglich, ihre Beine

wie bei größeren Marionetten zum Laufen zu bringen – sie bewegen sich in einer Art und Weise über die Bühne, die man vielleicht mit „Gleiten" oder „Tippeln" umschreiben könnte. Trotz alledem erscheinen sie dem Zuschauer als vollgültige Repräsen-

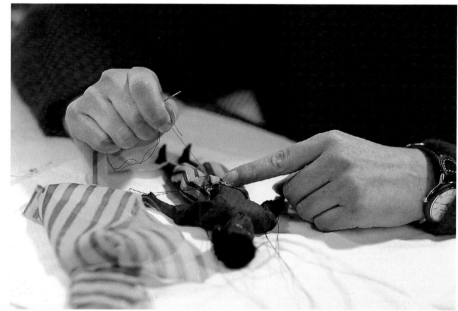

Renate Kern fertigt ein Kostüm für eine Marionette an. Fast alle Nähte sind Handarbeit.

tanten der Handlung, und zwar als menschlich wirkende Repräsentanten. Das geht so weit, dass Zuschauer erklären, sie hätten im Lauf der Handlung ganz vergessen, dass es sich um Figuren und nicht um Schauspieler handelte, und es habe Augenblicke gegeben, in denen sie den Eindruck von Mundbewegungen empfunden hätten, obwohl ihnen selbstverständlich klar war, dass ein beweglicher Mund bei der Kleinheit

Doris Binggesser, stets freundlich und hilfsbereit. Als Disponentin sorgt sie für die reibungslose Vergabe der Sitzplätze im ständig ausverkauften Haus.

eines solchen Kopfes technisch gar nicht realisierbar sein kann.

Es spielen bei diesem Eindruck einige theaterspezifische Elemente eine wichtige Rolle. Die ursprüngliche Form der Guckkastenbühne zwingt zu einer extremen Konzentration auf das Bühnengeschehen, so dass Größenvergleichsbezüge zur Umgebung wegfallen und damit die Phantasie des Zuschauers eine Bühnenillusion erzeugt, die über die banale Realität hinausgeht. Zwar ist das Geschehen eine Nachahmung des durch Schauspieler repräsentierten großen Theaters, aber durch die Übertragung auf diese Miniaturform des Marionettentheaters wird eine Kunstform extrem gesteigert, so dass der Zuschauer sich auch bereitwillig und fasziniert der klassischen (historischen) Form des Marionettentheaters stellt. Wir versuchen also lebendige Theatergeschichte hier und heute zu vermitteln und gleichzeitig den Eindruck wieder erstehen zu lassen, den in früheren Epochen des deutschen Theaters eine Aufführung durch Schauspieler in einem großen Hause gemacht hat.

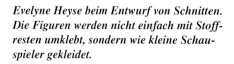

Evelyne Heyse beim Entwurf von Schnitten. Die Figuren werden nicht einfach mit Stoffresten umklebt, sondern wie kleine Schauspieler gekleidet.

10

WIR SPIELEN HISTORISCHES THEATER

D er Gedanke ist so abwegig nicht: Da glückt einem, der Theater macht, der seltene Fund eines sehr alten Theaters mit erhaltenem Fundus – es liegt nahe, mit diesem Objekt, wenn es mehr sein soll als ein Museums-Schaustück, historisches Theater zu spielen. Weil es sich um ein Marionettentheater handelt, denkt man dabei an historisches Marionettentheater, an Vorstellungen, wie sie in der Bauzeit (1821) auf eben diesem Theater stattgefunden haben.

Doch damit ist der theatergeschichtliche Bezug dieser Bühne, die in der Präambel des für sie gegründeten Fördervereins ein „theatergeschichtliches Monument" genannt wird, nicht erschöpft. Um das zu verstehen, muss weiter in die Geschichte zurückgegangen werden. Der Beginn einer europäischen Theaterkultur im heutigen Sinne liegt nach Shakespeare. Am Anfang des 17. Jahrhunderts zogen zunächst englische, dann auch deutsche Ensembles als wandernde Bühnen durch Deutschland und spielten hier zum Beispiel den „Faust" von Marlowe.

Eng und konzentriert geht es beim Abenddienst zu. Damen des Ensembles während einer Aufführung (von links nach rechts: Lisa Sohmer, Barbara Tengler und Margit Müller).

In der Zeit des Dreißigjährigen Krieges waren solche Wanderbühnen oft nicht zu ernähren, und dann griffen die Prinzipale auf Marionetten zurück, um die Stücke mit reduziertem Ensemble weiterhin spielen zu können. So war die dramatische Literatur Gemeingut sowohl des Menschen- als auch des Marionettentheaters. Auch später war es immer eine Eigenschaft der Marionettentheater, dass sie in der Stückauswahl, in der Bühnen- und Beleuchtungstechnik und in der Ausführung der Dekorationen niemals etwas anderes waren oder auch nur sein wollten als eine Wiederholung des großen (menschlichen) Theaters mit den Mitteln von Figuren. Das trifft auch für die stehenden Marionettentheater zu, wie sie etwa venezianische Aristokraten oder der Fürst von Esterhazy auf seinem Schloss in Eisenstadt unterhielten (für dieses Theater schrieb beispielsweise Haydn Opern). Das blieb so bis zum Aussterben der wandern-

den Marionettentheater durch die Konkurrenz anderer Medien, zuerst des Films, dann des Fernsehens. Gegen Ende des 19. Jahrhunderts fing man an, neben den Erwachsenenstücken Märchen zu spielen, um den Rückgang der Nachfrage durch eine neue Publikumsschicht, die Kinder, aufzufangen, und das Ende kam in der jüngeren Vergangenheit durch die Entwicklung des Fernsehens.

Bevor es soweit kam, gab es eine Teilung zwischen dem „menschlichen" und dem Marionettentheater. Für das große Theater entstanden immer mehr feste Häuser neben den fahrenden Truppen, die oft auch ohne eigenes Ensemble saisonweise den Schauspielergesellschaften verpachtet wurden (so zum Beispiel noch gegen Ende des 19. Jahrhunderts in Guben/Niederlausitz). Die stehenden und reisenden Schauspieler-Ensem-

Kameraschwenk auf die andere Bühnenseite: Ingeborg Foert.

11

Handstudie

bles waren für Städte und größere Orte kompetent, die Marionettentheater bereisten außer den Städten vor allem das flache Land. Man muss sich vergegenwärtigen, dass damals für Dorfbewohner ein „richtiger" Theaterbesuch äußerst selten bleiben musste: Entfernungen, Reise- und Übernachtungskosten verteuerten ei-nen solchen Besuch sehr. So brachten denn die Marionettenbühnen das Repertoire der großen Theatcr in die Dörfer – von den Klassikern bis zu den Unterhaltungsstücken. Wie eng die Zusammenarbeit war, lässt sich am Beispiel der Dekorationen der früher im Oldenburger Land reisenden Wandermarionettenbühne Apke-Genzel ablesen, die der Verfasser für das Landesmuseum Oldenburg retten konnte. Sie wurden vom Oldenburgischen Hoftheater, dem heutigen Staatstheater, für die Marionettenbühne angefertigt.

Theaterhistoriker wissen das und messen den zahlreich überkommenen Bühnenbildern des Papiertheaters, eines kleinen, ähnlich aufgebauten Verwandten der Marionettenbühne, einen entsprechenden geschichtlichen Wert bei.

Das Bamberger Marionettentheater stellt zwischen dem Papiertheater und dem wandernden Marionettentheater eine theatergeschichtliche Seltenheit, ja Kostbarkeit dar. Das Papiertheater hinterließ exakte Wiedergaben wirklicher Bühnenbil-

der, aber als Grafiken (kolorierte oder farbig gedruckte Blätter). Diese bieten im Vergleich zu den mit Leimfarben ausgeführten großen Dekorationen nur eine *Illustration*, wie sie etwa eine Abbildung in einem Kunstband im Vergleich zu dem dargestellten großen Gemälde vermittelt. Im großen (wandernden) Marionettentheater – soweit es überhaupt noch existiert – wiederum ist Theaterhistorisches nur noch bruchstückhaft zu erleben. Durch die Not gezwungen, mussten diese Betriebe ihre Dekorationen, etwa durch das Weglassen von Kulissen oder Bögen, also Verminderung der Tiefe, oder durch Beschneiden, d. h. Verkleinerung der Bühnenöffnung, immer mehr vereinfachen. Die Beleuchtung wurde, natürlich ohne Rücksicht auf geschichtliche Überlieferungen, einfach elektrifiziert. Dadurch ging Wesentliches an Wirkung verloren.

Anders das Bamberger Marionettentheater. Hier sind von Anfang an die Dekorationen alle wie auf dem großen Theater in Leimfarbe hergestellt worden. Die Einmaligkeit dieses kostbaren Bestandes zu erkennen, ließ auch die Richtung für eine Wiederbelebung der Bühne finden.

Durch die Bewahrung dieser Überlieferung, die sich auch auf Kostüm und Sprache erstreckt (vom Licht ist an anderer Stelle die Rede), erlebt der Zuschauer nicht nur eine Marionettenaufführung schlechthin, sondern gleichzeitig die Auferstehung einer Theateraufführung des „Menschentheaters" aus der Zeit zwischen 1780 und 1830. Das wird unterstützt durch die außerordentliche Sogwirkung der so ausgestatteten alten Bühne, die dem Zuschauer nach wenigen Minuten den Eindruck suggeriert, er säße in einem großen Hause weit entfernt von der Bühne.

Dieses Marionettentheater bietet die in Deutschland einmalige Möglichkeit, den lebendigen Eindruck einer Theatervorstellung aus der Barock- und romantischen Zeit zu gewinnen, soweit dies nach so großem zeitlichem Abstand möglich ist. Es gibt in Deutschland keine andere Bühne, die sich explizit dieses Ziel gesetzt hat. Sowohl das heutige „menschliche" als auch das moderne Marionettentheater sind selbstverständlich dem Zeitgeist verpflichtet und bieten allenfalls gelegentlich historisierende Aufführungen, die aus technischen Gründen – das wird

Don Juan im Barockschauspiel: Höllenfahrt mit Blitz und Donner, wie in der späteren Mozart-Oper

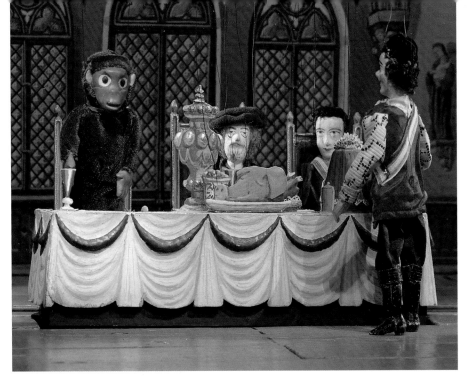

Dr. Faust zaubert seinen Studenten aus einer Festtafel allerlei hervor. Später wird diese Szene als „Auerbachs-Keller" Eingang in Geothes Faust finden.

an anderer Stelle ausgeführt – vom Vorbild entfernt bleiben müssen.

Ein einziges Theater gibt es in Europa, das mit der gleichen Zielsetzung wie das Bamberger Marionettentheater alljährlich in einer kurzen sommerlichen Spielzeit Aufführungserlebnisse aus dem 18. Jahrhundert vermittelt: das Königliche Schlosstheater Drottningholm in Stockholm/Schweden. Seine Wiedererweckung verdankt es einem ähnlichen Umstand wie das im Kunsthandel entdeckte Bamberger Marionettentheater. Es lag mehrere Generationen lang brach, bewahrte dadurch die alte Technik und den alten Fundus, und in den zwanziger Jahren erkannte man seine theatergeschichtliche Bedeutung und betreibt es seitdem im Sinne historischer Theaterproduktionen auf dem Gebiet der Oper.

So gibt es in zwei europäischen Städten – weltweit in Drottningholm, für Deutschland in Bamberg – zwei kleine Theater, die sich als „lebende Theatermuseen" um die Vergegenwärtigung vergangener Spielkultur bemühen.

Man kann Vermutungen anstellen, warum die Zahl dieser Institute so gering ist, während es gleichzeitig auf dem Gebiet der konzertanten Musik sehr viele Gruppen gibt, die sich, teils mit originalen, teils mit akribisch nachgebauten Instrumenten um die möglichst getreue Vermittlung alter Musik bemühen. Vielleicht liegt es an dem Aufwand, der beim Gesamtkunstwerk „Theateraufführung" infolge der notwendigen Übereinstimmung von Dekoration, Licht, Theaterbau und -maschinerie nötig ist, um den gewünschten Eindruck zu vermitteln. Um so behutsamer müssen die wenigen bestehenden Unternehmen dieser Art gehütet und bewahrt werden.

Nun könnte man die grundsätzliche Frage stellen: Warum spielen wir historisches Theater?

Elisabeth Söderström, künstlerische Direktorin des königlichen Hoftheaters Drottningholm in Stockholm, hat dies treffend zum Ausdruck gebracht: *„Für Opernliebhaber der ganzen Welt hat der Name des Königlichen Hoftheaters Drottningholm denselben zauberhaften Klang wie der eines Instruments von Stradivarius. Die architektonische Schönheit im Theater, wo Bühne und Saal sich in völliger Harmonie ergänzen, bereitet Auge und Gefühl auf ein künstlerisches Gesamterlebnis vor. Man fühlt Dankbarkeit und Freude darüber, in einer Umgebung von solcher Schönheit verweilen zu können.*

Eine große Anzahl der Geigen, die Stradivarius baute, wird heute noch von Geigenvirtuosen der ganzen Welt benutzt. Sie bauen eine Brücke über die Jahrhunderte und geben uns eine Möglichkeit, zu erfahren, wie die Musik in den vergangenen Tagen geklungen haben könnte – eine Erfahrung, die wir niemals gewinnen könnten, wenn wir diese Instrumente nur in den Vitrinen von Museen betrachten dürften. Dies ist der Leitgedanke, der über unserer Arbeit in Drottningholm steht. Wenn das Theater sich mit Leben erfüllt, wenn die Bühne von Darstellern belebt wird, die mit ihrer Erscheinung und ihren Kostümen Bewegung und Farbe in die Dekorationen bringen, wenn der Ton erklingt und wiederklingt in Decken und Wänden des Saales und die geniale Theatermaschinerie ihren Zauber entfaltet – dann werden wir visuell und hörbar mit einem Erlebnis des 18. Jahrhunderts beschenkt, das kein anderes Theater der Welt uns geben kann.*

Alle zarten und sorgfältigen Anstrengungen, dieses Theater zu erhalten, sind ihren Preis wert, wenn es in der sommerlichen Saison zum Leben erwacht." (gekürzt)

Elisabeth Söderström übertreibt mit ihrem letzten Satz keineswegs. Was für Drottningholm und die Oper gilt, gilt selbstverständlich auch für das Sprechtheater, für das klassische Schauspiel. Dieser Aufgabe hat sich für den deutschsprachigen Bereich das Bamberger Marionettentheater – modellhaft zwar, aber genauso exemplarisch – verschrieben, und zwar für Schauspiel *und* Oper. Im klassischen Theater liegen die Wurzeln unserer heutigen Theaterkultur. Der Zuschauer in unserer Zeit braucht die lebendige Konfrontation mit diesen Ursprüngen, er braucht den unmittelbaren Vergleich mit der heutigen Bühnenpraxis, um die Art und Weise, wie heute gespielt wird, verstehen und werten zu können. Das bloße Betrachten alter Dekorationen in meistens unsachgemäß ausgeleuchteten Museumsvitrinen oder in Kunstbüchern ist wie der Anblick einer ausgestellten Stradivari im Vergleich zu ihrem lebendigen Klang.

13

BÜHNENBILD

Was das Bamberger Marionettentheater an historischen Dekorationen und Beleuchtung erhält und weiter pflegt, lässt sich leicht beschreiben, und damit wird zugleich einsichtig, warum das moderne Theater diese Aufgabe nicht übernehmen kann.

Seit dem Barockzeitalter waren die Guckkastenbühnen in „Gassen" eingeteilt, eine sehr eingängige Bezeichnung, die auch dem Laien sofort deutlich macht, worum es hier geht. Rechts und links stehen paarweise schmale Dekorationsteile (wie Schals oder übergroße Handtücher), die Kulissen. Es sind drei, vier oder

mehr Paare. Sie sind bemalt und haben die Aufgabe, sowohl den seitlichen Einblick in die Nebenbühne zu verhindern als auch durch ihre perspektivische Bemalung eine Tiefenwirkung zu erzielen. Die Räume dazwischen sind die Gassen. Wer seitlich *in den Kulissen* steht, sieht über die Bühne hinweg die andere Bühnenseite. Der *Zuschauer* kann aber nur soviel von den Gassen sehen, wie auf der Bühne von vorn sichtbar ist, und hier wickelt sich das Schauspiel ab. Hinter dem letzten Kulissenpaar schließt ein großes Bild, der Prospekt oder Hintergrund, die Bühne ab. Der Prospekt enthält die Hauptmalerei, einen Innenraum, einen Platz, Straße, Garten, Wald, Landschaft und dergleichen, auf welche sich in entsprechender Abstimmung die Malerei auf den Kulissen bezieht.

In der Epoche, deren Bewahrung sich dieses Theater verschrieben hat, spielten die großen Theater mit einem festen Dekorationsfundus. Das war ein Bestand, der je nach der Größe und Bedeutung des Hauses sehr reich sein konnte. Man hatte Landschaften, Wälder, Innenräume, Straßen, Plätze und vieles mehr in zusammengehörigen Sätzen (Prospekt und Kulissen) vorrätig und setzte diese sinngemäß ein, wo es der Autor verlangte, so dass etwa ein „gotisches Zimmer" beim „Faust" wie beim „Götz" vorkommen konnte. Nur in Ausnahmefällen wurden die Dekorationen für ein Stück ganz neu gemalt. Genauso ist der Fundus dieses Marionettentheaters aufgebaut. In seinen ältesten Teilen stammt er aus dem Baujahr des Theaters (1821) und ist wie die meisten Teile des Bühnenbaus aus Metall gearbeitet. Offensichtlich hat es dann eine Epoche gegeben, in

welcher dieser Fundus durch schlechte Aufbewahrung gelitten hat und zum größten Teil weggeworfen wurde. Es folgte dann ein zweiter Fundus aus anderem Material, der sich bis heute erhalten hat. Die Dekorationen sind auf starke Pappe gemalt, und zwar genau wie die des ersten Fundus in sehr qualitätvoller Theatermalerei mit Leimfarben. Seinem Umfang nach kann man ihn als mittelgroß bezeichnen. Nun ist selbstverständlich selbst ein solcher Fundus nicht imstande, alles auszustatten, was auf dem Theater gespielt werden soll. Der Prinzipal ging deshalb bei einem guten Freund, Wilhelm Reinking, in die Lehre, der, wie schon erwähnt, einer der ganz großen Ausstatter des 20. Jahrhunderts war. Neben dem, was er für seine tägliche Praxis brauchte, beherrschte er als einer der wenigen sozusagen das ganze Barocktheater. Ihm verdankt der Prinzipal sehr viel, unter anderem die richtige Anwendung der Perspektive, ohne die eine illusionistische Theatermalerei nicht auskommt. So können Dekorationen, die thematisch im Fundus fehlen, in einer Art neu entworfen werden, dass kein Stilbruch gegenüber dem Vorhandenen entsteht.

Unser Theater bedient sich bei der Herstellung von Dekorationen auch noch anderer Mittel. Es wurde schon erwähnt, dass die Verleger von Papiertheatern, mindestens die bedeutenderen, Entwürfe von Bühnenbildnern ihrer Zeit benutzten. Wenig bekannt ist, dass einer der bekanntesten (Trentsensky in Wien) seine Dekorationen außer für Papiertheater vor allem als Vorlagen für die Theatermaler herausgab und sie zu diesem Zweck unkoloriert als Schwarzweiß-Lithographien verkaufte. In der k. u. k. Monarchie stand das Theaterleben in hoher Blüte, und so lohnte sich eine solche verlegerische Unternehmung. Mit der Zeit konnte sich unser Theater fast sämtliche in diesem Programm erschienenen Dekorationsbogen beschaffen und besitzt damit einen nahezu unerschöpf-

Was im Fundus nicht vorhanden ist, wird in der eigenen Werkstatt neu geschaffen, oft nach zeitgenössischen Entwürfen. Marijke Einwag bei der Dekorationsmalerei zur „Zauberflöte".

lichen Vorrat für einen Fundus, der zum besten gehört, was vom Anfang bis zur Mitte des 19. Jahrhunderts entstanden ist. Denn der wichtigste Entwerfer Trentsenskys war der berühmte Jachimowicz, ein Mann, der erst im Kärntnertortheater, später an der k. u. k.-Hofoper in Wien tätig war. Sein Name gehört zu den wenig mehr als ein halbes Dutzend umfassenden ganz großen Namen der gesamten Theatergeschichte. Das Bamberger Marionettentheater hat mit seinen Entwürfen die gesamte „Genoveva" ausgestattet, die vor einigen Jahren in das Repertoire neu aufgenommen worden ist.

Schließlich besteht noch eine weitere Möglichkeit, historische Dekorationen getreu zu wiederholen. Mitunter gibt es von besonders berühmten Aufführungen und Ausstattern Veröffentlichungen, so zum Beispiel von der schon erwähnten Zauberflöte von Karl Friedrich Schinkel in Berlin. Diese als „Bilderbuch für

Auch dreidimensionale Ausstattungsteile werden im Haus hergestellt. Eva-Maria Müller-Pelikan arbeitet an einem ägyptischen Schiff.

Erwachsene" gedachten Werke zeigen gegenüber den für Fachleute gedachten Veröffentlichungen allerdings den Unterschied, dass sie nur den Prospekt, meist zusammen ge-

zeichnet mit vor ihm stehenden wichtigen Dekorationsteilen, darstellen. Dem Betrachter sollte keine Werkzeichnung, sondern nur ein allgemeiner Eindruck von der Stimmung der Szene vermittelt werden. Das ist bei der theatergeschichtlichen Umsetzung aber kein Nachteil. In der Regel lassen sich die dargestellten räumlichen Ebenen, weil sie einer gewissen Logik unterliegen, leicht getrennt arbeiten, so dass nur die *Kulissen*, welche für die Bildwirkung des Prospekts nur eine unterstützende Funktion haben, nachgezeichnet werden müssen. Man hat im großen Theater viele Generationen lang ein im Ergebnis ähnliches Verfahren praktiziert, indem für eine Inszenierung, die ein bestimmtes Bild brauchte, nur der Prospekt neu gemalt wurde. Die Kulissen entnahm man in diesem Falle dem Fundus, etwa einem Satz „Landschaft" oder „Garten".

Die Feuer- und Wasserprobe, Szenenbild aus der Neuinszenierung der „Zauberflöte" mit den beiden Gewappneten links und rechts im Vordergrund. Der Entwurf stammt von Karl Friedrich Schinkel (Berlin 1816).

BELEUCHTUNG

Am Lichtpult und Abendregie (Gabriele Engelhard).

Beleuchtet wird die Gassenbühne durch viele kleine Lichtquellen, die senkrecht hinter dem Bühnenportal und hinter jeder Kulisse angeordnet sind. Daneben gibt es das Rampenlicht (am Portal unten quer über die Bühne reichend angebracht) und Himmelslichter, waagerechte Lichtreihen über dem Portal und hinter den Soffitten. Die Soffitten sind Querstreifen aus bemalter Leinwand, welche die Kulissen rechts und links oben verbinden und dem dargestellten Thema entsprechend als Wald, Deckenbalken oder Ähnliches bemalt sind. Sie verhindern den Durchblick vom Zuschauerraum aus nach oben. Als Karl Friedrich Schinkel 1816 seine berühmte Zauberflötendekoration für

die Berliner Oper schuf, brannten dort allabendlich Tausende von Kerzen. Eine Möglichkeit der Farbänderung des Lichts auf der Bühne gab es damals kaum, wenn man von dem Einsatz der Laterna magica (als Scheinwerfer) mit farbigen Glasscheiben absieht. Man malte deshalb Wälder zum Beispiel nicht nur in den verschiedenen Jahreszeiten, sondern auch „bei Tag" und „bei Nacht". Dagegen ließen sich diese Lichter gut sukzessive abdunkeln; das Rampenlicht wurde hinuntergefahren, die senkrechten Lichtkonstruktionen, die hinter den Kulissen aus Kerzen, später Öl- oder auch Argand'schen Lampen, dann Petroleumlampen bestanden, konnte man durch gleichzeitiges Drehen der Lichtträger sehr wirkungsvoll abdunkeln.

Im Bamberger Marionettentheater ist dies alles – mit Ausnahme der Tatsache, dass die Öllämpchen durch entsprechend schwache elektrische Lämpchen ersetzt wurden – erhalten. Aus der Darstellung dieser technischen Beschaffenheit wird aber gleichzeitig klar, warum das moderne Theater sich museal-theatergeschichtlichen Aufgaben nicht widmen kann. Schon seit Generationen haben plastisch gebaute Dekorationen die Malerei auf flachen Untergründen fast völlig abgelöst. Man malt eine Säule nicht mehr durch Abschattierung „rund", sondern man baut sie aus mit Leinwand überzogenen Leisten, aus Styropor oder ähnlichen Stoffen wirklich rund. Damit sind die Kulissen mit ihrer starren Einteilung in Gassen überflüssig geworden. Gebaute Dekorationen brauchen aber auch ein anderes Licht; das milde, sanfte Licht des alten Theaters würde sie fad und langweilig erscheinen lassen. So fielen denn mit den Kulissen die vor und hinter ihnen installierten senkrechten Lampenreihen weg. Von den klassischen Beleuchtungseinrichtungen sind nur noch übrig geblieben die Rampe, die aber so selten benutzt wird, dass ihre Lampen meist nur noch bei Bedarf aufgesetzt werden, und die „Oberrampen", die einstigen „Himmelslichter": hinter dem Portal und an mehreren Stellen über der Bühne quer verlaufende Einrichtungen mit vielen relativ kleinen Glühlampen. Alles andere besorgen Scheinwerfer, die in großer Zahl an jeder erforderlichen Stelle (auch im Zuschauerraum, an den Rängen, im Kronleuchter an der Decke) angebracht sind.

Diese technischen Änderungen machen es dem heutigen Theater unmöglich, ohne einen unvertretbar hohen Aufwand „historisches" Theater zu spielen. Zwar ist es einfach, Kulissen und Prospekte aufzuhängen oder aufzustellen, aber es ist quasi unmöglich, Kulissen angemessen zu beleuchten. Die Einrichtungen sind längst ausgebaut. Um eine Lichtwirkung zu erreichen, die eine qualitätvolle Kulissenmalerei wirksam zur

Der bequemste Job? Jedenfalls ist er im Sitzen auszuüben, während die Spielerinnen den ganzen Abend über stehen müsssen.

Geltung bringt, müssten sie für eine entsprechende Inszenierung eigens nachgebaut und jeweils für den Abend auf- und nachher wieder abgebaut werden. Fachleute stellen beim Besuch einer der seltenen in diesem Sinne historischen, „theatergeschichtlichen" Vorstellungen meist fest, dass es an der sachgemäßen Beleuchtung mangelt und die Malerei dadurch an Wirkung verliert.

Am Bamberger Marionettentheater wird Wert darauf gelegt, auf diese Voraussetzungen zu achten. Es kommt hinzu, dass durch die Umwandlung in eine elektrische Beleuchtung das Licht dem einer großen Bühne des klassischen Zeitalters sehr viel mehr entspricht, als es mit den früheren Lichtquellen (Kerze und Öl) auf einem so kleinen Marionettentheater möglich war. Denn durch die kleineren Abmessungen elektrischer Lampen konnten diese, gewissermaßen modellhaft, der Anordnung von Kerzen und Öllampen in den großen Theatern angeglichen werden.

Genoveva: In Straßburg gaukelt eine betrügerische Wahrsagerin dem Pfalzgrafen Siegfried in ihrem Zauberspiegel eine nie stattgefundene Liebesszene seiner fernen Gemahlin vor.

UNDINE

Romantische Sage in 7 Bildern und einer Schluss-Apotheose

Nach Franz Graf von Pocci und dem Puppenspiel eines unbekannten Verfassers,
bearbeitet von Gerlinde Herzer

Dekorationen:

1. Bild: Am Seeufer hinter dem Finsterwalde, Unwetter
2. Bild: Am Seeufer, an einem lieblichen Sommerabend
3. Bild: Am Seeufer, zur Morgenstunde
4. Bild: Inneres der Fischerhütte
5. Bild: Fürstliches Zimmer auf dem Schloss des Herzogs
6. Bild: Burghof auf Ringstetten
7. Bild: Burghof, an einem düsteren Tag
Schlusstableau: Kristall-Palast des Wassergeistes

Figuren:

Kühleborn, ein mächtiger Wassergeist; Undine, eine Nixe; Ritter Huldbrand von Ringstetten;
Kasperl, sein Knappe; Herzog Heinrich; Bertalda, seine Tochter; Peter, ein Fischer;
Martha, dessen Weib; Ambrosius Schmalzmeier, Leibkoch des Herzogs; Ein Trompeter; Erste Nixe;
Zweite Nixe; Drei Wassergeister

ndine ist ein Stoff, der im Zeitalter der Romantik seine dramatische Ausformung gefunden hat. Zwar stammt die Sage aus dem Mittelalter (aufgezeichnet um 1320), aber erst die Romantiker mit ihrer Sehnsucht nach jener Zeit nahmen sich ihrer ausführlicher an. Das Grundmotiv ist die Geschichte vom unglücklichen Ausgang einer Liebesbeziehung zwischen Mensch und Elementargeist. Manchmal führt die Entdeckung des Geheimnisses, manchmal der Treuebruch zum Tod.

Der berühmte Arzt Paracelsus schrieb im 16. Jahrhundert ein „liber de nymphis, sylphis, pygmaeis et salamandris" und zählt darin vier Klassen von Elementargeistern auf: die des Wassers „Nymphen oder Undinen" (lat. unda = Welle), die der Luft „Sylphen", die der Erde „Pygmäen oder Gnomen" und die des Feuers „Salamander". Sie pflegen Umgang mit den Menschen und necken sie gern, tun ihnen in der Regel aber nur Gutes und schaden erst dann, wenn sie gereizt werden. Freundlich schildert die mittelalterliche Sage die weiblichen Nixen; sie sind schö-

ne Jungfrauen und nur am nassen Saum des Gewandes zu erkennen. Doch wird auch von schilfgegürteten, nackten Wasserfrauen und selbst von fisch-schwänzigen berichtet. Sie lieben Musik und Tanz, mischen sich gern unter die Menschen und knüpfen mit Jünglingen Liebschaften an.

1 *Kühleborn warnt Undine vor der Unstetigkeit der Menschen.*

2 *Sehnsüchtiger Gesang ihrer Schwestern tönt herauf.*

18

2

*Undine, Zieh-
töchterlein des
alten Fischers,
treibt ihren
Schabernack mit
dem Knappen des
Ritters.*

Weissagung, Reichtum und das Bedürfnis nach menschlicher Hilfe und Nähe teilen die Nixen mit den übrigen Wassergeistern.

Friedrich de la Motte-Fouqué schrieb 1811 eine Novelle, die die größten Wirkungen bis in die Gegenwart hatte, und formte aus dieser ein Opernlibretto für E.T.A. Hoffmann. Für die Uraufführung in Berlin 1816 schuf Schinkel entzückende Bühnenbilder, die leider mit dem Haus nach wenigen Aufführungen verbrannten. Sicher trug das mit dazu bei, dass die liebenswerte Oper fast ganz von den Spielplänen verschwand. Immer wieder beschäftigte der Stoff Komponisten von Opern und Balletten bis in die Gegenwart: Am bekanntesten ist das Werk von Albert Lortzing; aber auch Andersen „Die kleine Meerjungfrau", Gerhard Hauptmann „Die versunkene Glocke" (1896) und Jean Giraudoux „Undine" (1938) haben den Stoff aufgegriffen.

Undine, eine Nixe, also ein Elementargeist, sehnt sich danach, eine menschliche Seele zu gewinnen. Der junge Ritter Huldbrand von Ringstetten verliebt sich in die ungebärdige Undine, die in einer einsamen Hütte am Ufer des Sees bei alten

Fischersleuten lebt. Durch ihre Heirat mit Huldbrand weiß sich Undine im Besitz einer menschlichen Seele. Sie offenbart ihrem Ritter die geheimnisvolle Welt der Elementargeister, der sie durch ihre Herkunft angehört. Das Walten der elementaren Mächte wird verkörpert in dem polternden Wassergeist Kühleborn, der immer wieder warnend auftaucht. Undines Glück scheint dauerhaft und tief, bis Bertalda in ihr Leben tritt, die böse Gegenspielerin, die sich Hoffnung auf Huldbrand gemacht hat. Manchmal ist das Ende tragisch – Undine tritt ein letztes Mal auf, um ihren untreuen Geliebten in der Umarmung zu ersticken – manchmal auch von versöhnlichem Glanz überstrahlt wie im Schauspiel auf der Marionettenbühne. Huldbrand spricht als letzten Satz: „Nimm mich hinunter in dein kühles Reich!", bevor man in der Schlussapotheose die Liebenden glücklich vereint im Geisterreich sieht.

Bei Hoffmann endet die Oper mit dem Liebestod (Undine: Ja, Lieber, weil ich muss – doch küss ich dich zum Sterben! Huldbrand: Das heißt ja Heil erwerben, wenn solch ein Abschied lacht!) Der Schluss der anderen großen Undine-Oper,

*1 Gewitter am
einsamen Waldse[...]*

*2 Ritter Huld-
brand und sein
Knappe haben
sich verirrt und
bitten um Obdac[...]*

*3 Ritter Huld-
brand bittet um [...]
Hand Undines.*

der von Albert Lortzing, entspricht etwa dem im Marionettentheater. Kühleborn schenkt dem schuldig gewordenen Huldbrand das Leben und gibt ihn der Undine im Geisterreich wieder.

Das Lächeln ihres feinen Gesichts war
süß wie in herrlichsten Träumen;
ihre Stimme war süßer als Vogelgesang
im Frühling auf Birkenbäumen.

Und golden glänzte ihr blondes Haar
und fiel auf die Schultern fein;
ihre Augen waren blau wie die Luft,
ihre Lippen röter als Wein.

Aus einer alten englischen
Seejungfer-Ballade.

1 *„Ich werde eine Seele erhalten!"*

2 *Der Herzog und Bertalda: auch sie liebt Huldbrand...*

3 *Eine neidische Nixe gibt Bertalda den Rat, der zur Katastrophe führen wird.*

4 *Schlussapotheose: in Kühleborns Reich wird dem Paar zuteil, was ihm auf Erden versagt blieb.*

GENOVEVA
DIE SCHÖNE PFALZGRÄFIN VOM RHEIN

Puppentheaterstück in 5 Akten (9 Bildern)

Nach den Puppenspielen von Dr. A. Lehmann, Carl Engel und Johanna Apke-Genzel bearbeitet von Rainer Lewandowski

Dekorationen:

1. Bild: Rittersaal auf der Siegfriedsburg
2. Bild: Kemenate auf der Siegfriedsburg
3. Bild: Rittersaal auf der Siegfriedsburg
4. Bild: In einem Gasthaus in Straßburg
5. Bild: Kerker auf der Siegfriedsburg
6. Bild: In einem lichten Walde
7. Bild: Halle auf der Siegfriedsburg
8. Bild: Dichter Wald in den Ardennen
9. Bild: Halle auf der Siegfriedsburg und Finale

Figuren:

Siegfried, Pfalzgraf vom Rhein; Genoveva, Prinzessin von Brabant, seine Gemahlin;
Schmerzenreich, beider Sohn; Golo, Haushofmeister des Pfalzgrafen; Wolf, Ritter und Gefährte des Pfalzgrafen;
Drago, Mundkoch des Pfalzgrafen; Hans Wurst, Diener beim Pfalzgrafen; Bertha, Tochter des Burgwächters;
Kunz, Henkersknecht; Zorazoa, eine alte Zauberin; Ein Engel

Es gibt zwei historische Gestalten mit dem Namen Genoveva. Die ältere ist die Schutzpatronin von Paris, geboren um 420 zu Nanterre. Als junges Mädchen legte sie ein Keuschheitsgelübde ab, lebte erst bei ihren Eltern in Askese, ging nach Paris, sagte die Verschonung der Stadt durch Attila voraus und baute eine Kirche über dem Grab des heiligen Dionysius. Sie starb am 3. Januar 512.

Die jüngere ist eine verheiratete Frau, Genoveva von Brabant, deren Schicksal unserem Stück zugrunde liegt. Sie lebte als Gattin des Pfalzgrafen Siegfried. Vom Haushofmeister Golo des Ehebruchs beschuldigt, zum Tode verurteilt, durch den mit dem Vollzug beauftragten Knecht freigelassen, lebte sie sechs Jahre in einer Höhle der Ardennen von Kräutern und ließ ihren Sohn Schmerzenreich von einer Hirschkuh nähren. Ihr Gemahl, der ihre Unschuld erkannt hatte, fand sie bei einer Jagd und führte sie heim.

Sie ist eine Frau, schön, attraktiv, heilig in ihrer Mutterschaft und erstrahlend in lauterer Reinheit. Sie übt Geduld und gewinnt Erfahrung im Leiden. Sie hat Mut zur Demut. Sie liebt, wehrlos ausgeliefert bis zur Selbstaufgabe. Sie ruht im Glauben, in Christi Liebe. Dabei ist sie alles andere als eine wehleidige Betschwester. Sie lebt im Walde mit ihrem Kind. Sie ist ausgeschlossen von dem, was als Zivilisation bezeichnet wird. Sie muss Eintönigkeit ertragen. Sie muss all ihre Kräfte und ihr Wissen einsetzen, um zu überleben. Der Schutz vor wilden Tieren und widrigen Wettern gehört zu ihren täglichen Aufgaben. Ihr kleiner Sohn Schmerzenreich wird früh in diese Arbeiten mit einbezogen. Das macht sie nicht nur für die Dauer eines Abenteuerurlaubs von drei Wochen, son-

1 *Graf Siegfried und sein treuer Gefolgsmann, Ritter Wolf, in einem Saal der Siegfriedsburg.*

2 *Abschied Siegfrieds von Genoveva.*

dern sie überlebt jahrelang in der Waldeinsamkeit. Ihre Größe liegt nicht im Aufbegehren, sondern im Dulden.

Die Legende kam über die Niederlande nach Deutschland. Ihr Leben wurde als Beispiel ehelicher Treue und geduldigen Ausharrens weitererzählt. Vielfach wurde sie wie eine Heilige verehrt. Ihr Schicksal hat von jeher die Menschen stark ergriffen. Der fahrende Puppenspieler Winter berichtet, dass nach einer Aufführung in Polen viele Frauen hinter seine Bühne gekommen sind, um der Puppe Genoveva Hände und Rocksaum zu küssen.

Der Stoff fand seine herausragende Ausformung in einem Volksbuch des

17. Jahrhunderts. Immer wieder wurden Dichter angeregt, und dramatisch bearbeiteten das Geschehen Tieck, Maler Müller, Raupach und Hebbel, musikalisch Robert Schumann in einer Oper. Christoph von Schmid ebnete ihm im 19. Jahrhundert den Weg in die Kindererziehung. Wie alle alten Volksschauspiele ist Genoveva (auch das Puppenspiel) freilich für Erwachsene gedacht, „. . . und da eigentlich nur für verheirate Leut', weil die's erst richtig verstehen", wie A. Lehmann 1929 in seinem Vorwort zitiert.

In der reichen Bildüberlieferung der Geschichte gibt es eine Fülle von Assoziationen durch die ikonographische Umset-

Genoveva hat in einer Höhle ihren Sohn Schmerzenreich aufgezogen.

1 *Im Gasthaus i. Straßburg erreich Siegfried die Nachricht von an geblicher Untreu seiner Gemahlin.*

2 *Golo hat Genoveva bedräng und beseitigt kaltblütig den Leibkoch Drago als unliebsamen Zeugen.*

3 *Ein zauberisches Taschenspielerstück der von Golo bestochenen Wahrse gerin bringt Siegfried dazu, Genoveva zum Tode zu verurteilen.*

zung. Da klingt das Vorbild der heiligen Familie auf in der madonnenhaften Haltung Genovevas mit dem Kind auf dem Schoß in ihrer Verlassenheit im Walde, da kommt die Erinnerung an den bethlehemitischen Kindermord in der dramatischen Szene der versuchten Ermordung des Säuglings durch Golos Leute, da ist das Wüsten-, Höhlen- und Waldmotiv der heiligen Einsiedler.

Die im Bamberger Marionettentheater gespielte Fassung wurde eigens für diese Inszenierung von Rainer Lewandowski, dem Intendanten des E.T.A. Hoffmann Theaters in Bamberg, unter Zugrundelegung dreier älterer Fassungen geschrieben. Das Theater ist ihm dafür zu großem Dank verpflichtet, denn es gewann damit eine gut spielbare und beim Publikum äußerst erfolgreiche Produktion.

1 *Im Kerker gebiert Genoveva Siegfrieds Sohn Schmerzenreich und gibt der Tochter des Kerkermeisters eine Botschaft an ihren Gatten.*

2 *Der Henker holt Genoveva zur Vollstreckung ab, die einsam im Wald geschehen soll.*

3 *Voll Mitleid lässt der Henker ihr das Leben, nachdem sie versprochen hat, sich verborgen zu halten.*

2

1 *Ein Engel tröstet sie und führt ihr eine Hirschkuh zu, deren Milch das Kind retten wird.*

2 *Sieben Jahre später wird Graf Siegfried über die Untat Golos aufgeklärt.*

3 *Flüchtende Tiere kündigen das Näherkommen der Jagd an, bei der Siegfried seine Gattin finden wird.*

4 *Ein Ende voll tiefer Tragik. Geschwächt durch jahrelange Entbehrung, ist sie zusammengebrochen und gestorben.*

5 *Ein feierliches Schlussbild öffnet das Fenster der Erlösung.*

DOCTOR JOHANN FAUST

Volksschauspiel in vier Akten nebst einem Vorspiel

Das Stück spielt teils in Wittenberg, teils in Parma, im 16. Jahrhundert

Dekorationen:

Vorspiel: Höllenpforte
Erster und zweiter Akt: Fausts Studierzimmer
Dritter Akt: Garten des Herzogs von Parma
Vierter Akt: Prächtiger Saal in Fausts Wohnung zu Wittenberg mit Verwandlung: Straße zu Wittenberg

Figuren:

Doctor Johannes Faust, Professor in Wittenberg; Christoph Wagner, sein Famulus; Hans Wurst;
Der Herzog von Parma; Die Herzogin, seine Gemahlin; Orest, ein parmascher Edelmann;
Pluto, Oberster der Hölle; Mephistophiles; Guter Genius; Böser Genius; Asmodi, ein Teufel; Auerhahn, ein Teufel;
Fitzliputzli, ein Teufel; Astaroth, ein Teufel; Charon, Höllenfährmann; Die schöne Helena;
Sieben Höllengeister: Der Stolz; Die Habsucht; Der Neid; Die Schlemmerei; Die Wollust; Der Zorn;
Die Faulheit; Erster Student; Zweiter Student; Der Engel des Gerichts

Der Faust-Stoff ist den meisten Menschen durch die Dichtung von Johann Wolfgang von Goethe bekannt. Aber auch Goethe hat an literarische Traditionen angeknüpft, und zwar in zweierlei Gestalt: als Volksbuch, wahrscheinlich in der 1674 veröffentlichten Fassung des Nürnberger Arztes Johann Pfister, und schon in den Kindheitsjahren in Frankfurt, als Puppenspiel, d. h. als einer der vielen Abkömmlinge von Marlows Doctor Faustus, der seinerseits eine erste, geniale Dramatisierung des Volksbuches darstellt. Schon das Volksbuch hatte die in schwankhafter Form überlieferten Zeugnisse über das Leben des Doctor Faustus mit dem im Mittelalter verbreiteten Motiv des Teufelsbundes verschmolzen.

Der Text unserer Fassung schließt an diese älteren Fassungen an und stammt, wie Don Juan, aus der Sammlung von Carl Engel.

Mit Recht nennt Engel die von ihm veröffentlichten Texte „Schauspiel" und nicht „Puppenspiel". Die Aufführungspraxis machte keine Unterschiede in der Darbietung durch „Menschen-" oder Puppentheater. Das ging auf diese Weise bis weit in das 18. Jahrhundert hinein. Die Texte sind gewachsen, denn die Puppenspieler bildeten Familiendynastien, die diese von Generation zu Generation weitergaben und sie in gewissem Umfang dem Zeitgeschmack, vor allem in der Ausdrucksweise, anpassten. In manchen Familien wurden sie auch nur mündlich überliefert, das gilt besonders für die Zeit vor der Mitte des 18. Jahrhunderts, als Schulbildung noch nicht für jedermann zugänglich war.

Zur Faustdichtung schreibt Engel: *„Das wichtigste dieser alten Volksschauspiele ist Doctor Johann Faust, welches Stück hier in einer Fassung geboten wird, die sich in verschiedenen Zügen von bereits früher erschienenen Bearbeitungen für Puppentheater sehr vorteilhaft unterscheidet. Dass Faust gelebt hat und seine Hauptwirksamkeit in den Anfang des 16. Jahrhunderts (etwa zwischen 1507 und 1535) fällt, wird nach vielen Quellen nicht mehr bezweifelt. Bereits 1587 wurde die*

Faust ist völlig isoliert und verei samt, während d Gläubigen einen nächtlichen Got tesdienst verlasse

Faustsage zum ersten Male im Volksbuch von Dr. Faust schriftlich zusammengefasst. Schon im gleichen Jahr erschien eine zweite Auflage, weitere folgten (ebenso wie Übersetzungen) fast jährlich. Aus diesem Volksbuch entstand das berühmte Volksschauspiel. Leider ist der Dichter des Urtextes nicht bekannt. Von etwa 1770 ab scheint das Volksschauspiel von der wirklichen Bühne verschwunden und ausschließlich in die Hände der Puppenspieler übergegangen zu sein, denn auf der wirklichen Bühne erschien Faust jetzt in einer ganz anderen Gestalt. Die Kunstdichtung bemächtigte sich des gewaltigen Stoffes und stellt ihn auf mancherlei Weise dar. Seit dieser Zeit fehlen weitere Nachrichten über Aufführungen des Volksschauspiels durch lebende Schauspieler."

Den Inhalt einer (von Schauspielern gespielten) Faust-Komödie teilt der Danziger Ratsherr Georg Schröder 1669 so mit: „Zuerst kommt Pluto hervor aus der Hölle und ruft einen Teufel nach dem anderen, den Tabakteufel, den Hurenteufel, auch unter anderem den Klugheitsteufel und gibt ihnen Order, daß sie nach aller Möglichkeit die Leute betrügen sollen. Hierauf begibt sich, daß D. Faustus, mit gemeiner Wissenschaft nicht befriedigt, sich um magische Bücher bewirbt und die Teufel zu seinem Dienst beschwört, wobei er ihre Geschwindigkeit exproriert, und den geschwindesten er wählen will. Ist ihm nicht genug, daß sie so geschwinde seien wie die Hirsche, wie die Wolken, wie der Wind, sondern er will einen, der so geschwinde wie des Menschen seine Gedanken, und nachdem für einen solchen sich der kluge Teufel angegeben, will er, daß er ihm 24 Jahre dienen solle, so wolle er sich ihm ergeben. Welches der kluge Teufel für seinen Kopf nicht tun will, sondern es an den Plutonem nimmt, auf dessen Gutbefinden ergibt sich der Teufel in Bündnis mit D. Faust, der sich ihm auch mit Blut verschreibet. Hierauf will ein Einsiedler den Faustum abmahnen, aber vergeblich. Dem Fausto geraten alle Beschwörungen wohl; er läßt sich Carolum Magnum, die schöne Helena zeigen, mit der er sein Vergnügen hat. Endlich aber wachet bei ihm das Gewissen auf, und zählet er alle Stunde, bis die Glocke zwölfe. Da redet er seinen Diener an und mahnet ihn ab von der Zauberei. Bald kommt Pluto und schicket seine Teufel, daß sie D. Faust holen sollen, welches auch geschieht, und werfen sie ihn in die Höhe und zerreißen ihn gar. Auch wird präsentiert, wie er gemartert wird in der Höllen, da er bald auf und nieder gezogen wird, und diese Worte aus Feuerwerk gesehen werden: Accusatus est, judicatus est, condemnatus est."

1 *Charon spric mit dem Höllenfürsten Pluto.*

2 *Faust schließ mit Mephisto einen Vertrag.*

3 *Fausts Monolog in seinem St dierzimmer*

Vorspiel in der Hölle: Höllenfährmann Charon vor dem geschlossenen Höllentor

1 *Faust erscheint zur Hochzeit des Herzogs von Parma.*

2 *Faust beschwört durch seine Zauberkraft Erscheinungen, hier Simson und Delilah.*

3 *Um Mitternacht verwandelt sich die Stadt in ein höllisches Infermo; Pluto bemächtigt sich Fausts, der nun die Rechnung für seine maßlose Selbstüberschätzung erhält.*

4 *Straße in Wittenberg: Hans Wurst, aus Fausts Diensten wegen seiner voreiligen Plaudereien entlassen und nun Nachtwächter, widersteht dem Teufel, der ihn wie auch seinen ehemaligen Dienstherrn holen will.*

5 *Zurück in Wittenberg, nach 12 Jahren: Faust zecht mit Studenten im Festsaal seines Hauses. Noch ahnt er nicht, dass nur noch Stunden ihn von seinem Ende trennen.*

2

3

5

DON JUAN
ODER DER STEINERNE GAST

Ein tragikomisches Schauspiel in 5 Akten (7 Bildern)

Text nach Handschriften und Aufführungen wandernder Puppenspieler herausgegeben von Carl Engel

Dekorationen:

1. Bild: Vor Don Pietros Palast
2. Bild: Eine Straße in Sevilla
3. Bild: In einem Urwalde bei Sevilla
4. Bild: Auf einem Friedhofe bei Sevilla
5. Bild: Im Wirtshaus „Zum weißen Kreuz"
6. Bild: In der Gruft des Don Pietro
7. Bild: Im Wirtshaus, am Morgen danach

Figuren:

Don Pietro, Statthalter von Sevilla; Donna Amarillis, seine Tochter; Don Philippo, ein spanischer Grande;
Don Juan, ein spanischer Ritter; Hans Wurst, sein Diener; Ritter Alvaro Pantolfius; Laurentia, eine Schäferin; Einsiedler;
Wirtin zum weißen Kreuz; Erster Gerichtsdiener; Zweiter Gerichtsdiener; Erster Jäger; Zweiter Jäger; Teufel

ie spanische Sage vom Don Juan gehört zu den berühmten Stoffen der Weltliteratur. Sie ist genau so eine Volkssage wie die deutsche vom Dr. Faust und steht mit dieser in so naher Verwandtschaft, dass von jeher Vergleiche zwischen ihnen gezogen worden sind und der Schluss nahe liegen könnte, sie seien ein und derselben Wurzel entsprossen. Aber die Träger der beiden Namen haben zu verschiedenen Zeiten und unter verschiedenen Verhältnissen als geschichtliche Personen gelebt.

Don Juan wurde in Sevilla geboren und stammte aus einem angesehenen Hidalgo-Geschlecht namens Tenorio. Sein Vater fiel als Admiral im Dienste König Alonzo XI. Der jüngste Sohn, Don Juan, war ein Spielkamerad des Königs Peter des Grausamen gewesen, dessen treuer Genosse er bei seinen späteren Ausschweifungen war. Eines Nachts brachte er den Komtur Gonzalo de Ulloa ums Leben, der ihm in den Weg trat, um die gewaltsame Entführung seiner Tochter zu verhindern. Im Kloster San Francisko, wo die Familie eine

Kapelle besaß, wurde der Komtur bestattet. Angeblich eines Stelldicheins wegen suchte Don Juan einstmals nachts dieses Kloster auf und ward seitdem nicht mehr gesehen. Niemand weiß, ob er, dessen zügelloses Treiben allgemein verhasst und der doch als Günstling des Königs dem Zugriff der Justiz praktisch entzogen war, dort einem heimlichen Racheakt zum Opfer fiel. Jedenfalls verbreitete sich das Gerücht, Don Juan habe die Statue des Komturs in der Kapelle beleidigt. Die marmorne Gestalt habe sich plötzlich geregt, die Erde sich aufgetan, und der Frevler sei von der Statue in die Hölle gestürzt worden.

Am 5. April 1962 hob sich der Vorhang zum ersten Mal auf dem restaurierten Theater, und zwar eben für den „Don Juan". Wie es dazu kam, ist wert, festgehalten zu werden. Im Fundus des alten Theaters fand sich ein metallener Tisch, gearbeitet für die Mechanik der vorhandenen Bühnenversenkung. Er zeigte auf festlich gedeckter Tafel Stücke, die sich durch eine einfache Manipulation (einen alten Bühnentrick) in Symbole des Todes verwandeln lassen. So wird etwa aus einer Weinkanne eine Sanduhr, aus einem Ku-

1 *Don Juan vor dem Palast Don Pietros, des Statthalters von Sevill*

2 *Don Alvaro, Oheim Don Juan gehört als Berau ter zu den Opfern des Missetäters.*

3 *Das Schicksal des Frevlers: unt Donner und Flam men holt ihn die Hölle ein.*

chen ein Totenschädel. Man wusste mit dem Tisch nichts anzufangen. Bei einer Reise zu einem Freund, dem Papiertheatersammler Walter Röhler, wurde der Verwendungszweck deutlich. Der Tisch stammte aus einem Barockschauspiel, das demnach zur Bauzeit des Theaters (1821) auf diesem gespielt worden sein musste. Dieser barocke Text enthält im Gegensatz zu der bei uns allgemein bekannten Mozart-Oper eine besondere Szene. Der Steinerne Gast, der genau wie später bei Mozart eine Teilnahme an Don Juans Mahl ablehnt, spricht eine Gegeneinladung aus. Er reicht Don Juan seine Hand, und beide finden sich sofort im schauerlichen Gruftgewölbe des Toten wieder, wo aus dem Boden jener Tisch heraufsteigt. Frevelhaft spottet Don Juan hier weiter, obwohl sich alles, was er berührt, in Todessymbole verwandelt. Hier findet seine Höllenfahrt statt, und nach einer Rückverwandlung in das Gasthaus gibt es (nun wieder wie bei Mozart) ein heiteres Nachspiel.

Zur Handlung unserer Aufführung:

Don Juan versucht, in der Rolle des Verlobten die Tochter des Statthalters von Sevilla zu verführen und ermordet ihren Vater, Don Pietro, der ihr beistehen wollte.

Mit Hilfe einer größeren Geldsumme, die er seinem Onkel entwendet hat, kann er der gerechten Strafe entfliehen. Weiterhin möchte der Verführer die Unschuld der Schäferin Laurentia rauben. Später, als Don Juan nach einer weiteren Übeltat in seine Heimatstadt Sevilla zurückkehrt, erblickt er die Statue des Ermordeten. Mit der Unverfrorenheit des Spötters, der selbst vor Toten keine Ehrfurcht hat, lädt er ihn zum Nachtmahl ein. Das Unglaubliche geschieht. Das Standbild erscheint und bittet seinerseits Don Juan zu einem Essen in seine Gruft (in diesem Zusammenhang spielt der erwähnte Tisch eine entscheidende Rolle). Beim Abschied reicht ihm der Tote seine Hand, die Feuer ausströmt und Don Juan in die Hölle hinabreißt.

Das vorliegende Stück geht auf ein Schauspiel von Tirso de Molina (1634) zurück: „El burlador de Sevilla y Convidado de piedra". Damit war dem Marionettentheater Loose der erste der drei großen Klassiker (später folgten Faust und Genoveva) gewonnen – ein Umstand, für den der Prinzipal seinem verstorbenen Freund Walter Röhler heute noch dankbar ist. Diese drei Klassiker haben manches gemeinsam. Sie gehen alle auf Volkssagen zurück, und sie wurden, wie die anderen Stücke des Marionettentheaters, jahrhundertelang

1 *Ein Eremit in der Nähe Sevilla muss seine Kleidung hergeben, um die Fluc zu begünstigen.*

2 *Don Juan hat zum Nachtessen Platz genommen.*

3 *Im Gasthaus i Don Juan einem Häscher aufgefallen.*

Don Juan ist noch einmal der Verfolgung entgangen – sein Diener Hans Wurst kommt dem Teufel ins Gehege und muss auf einer zauberischen Wurst die Stadt verlassen.

ebenso auf dem „menschlichen" wie auf dem Puppentheater gespielt. Nach und nach wurden die älteren Fassungen durch die Erfolge neuerer Bearbeitungen (z. B. Don Juan durch Mozarts Don Giovanni) von der großen Bühne verdrängt und blieben nur auf dem Marionettentheater bewahrt. Wechselseitig haben sich die Fassungen auch beeinflusst; so hat Molières „Dom Juan ou le Festin de Pierre" (1665) zur Formung des Volks- (= Puppentheater) schauspiels beigetragen, und umgekehrt wurde bis weit ins 19. Jahrhundert hinein die komische Gerichtsdienerszene aus unserem zweiten Akt als gesprochene Einlage in der Mozart-Oper gespielt. Es gab auch ein zeitliches Wachsen des tradierten Textes. Die Ariette der Schäferin etwa im 3. Akt ist reines Rokoko-Theater aus dem 18. Jahrhundert. Und wenn Don Juan angesichts des (von ihm noch nicht identifizerten) Grabmals meint, dieser Tote wohne vielleicht prächtiger, als er es lebend je hätte haben können, so weist das auf das 19. Jahrhundert mit seinem teilweise übertriebenen Aufwand in der Friedhofsgestaltung hin. Die komische Person steht, der Tradition Shakespeares folgend, in einer langen Ahnenreihe: Catalinon (bei Tirso de Molina), Hanswurst im vorliegenden Text, Sganarell bei Molière und Leporello bei Mozart. Im letzten Don-Juan-Monolog steigert sich unser Text zu mächtiger Barockdichtung, die an Gryphius erinnert.

1 *Donna Amarillis und ihr Bräutigam Don Philippo in Sevilla wollen den Mord an ihrem Vater rächen.*

2 *Don Juans Frevel geht so weit, die Statue des Ermordeten zum Nachtessen ins Gasthaus zum Weißen Kreuz einzuladen.*

3 *Der Steinerne Gast hat eine Gegeneinladung ausgesprochen; im schauerlichen Grabgewölbe versucht er vergeblich, Don Juan zu bekehren.*

2

3

DIE ZAUBERFLÖTE

Eine große Oper in zwei Akten, von Emanuel Schikaneder
Musik von Wolfgang Amadeus Mozart

Dekorationen:

1. Bild: Eine felsige Gegend
2. Bild: Vor Paminas Gemach
3. Bild: Eingang zu drei Tempeln
4. Bild: Palmenhain der Priester
5. Bild: Tempelvorhof am Nil
6. Bild: Garten vor dem Mausoleum
7. Bild: Blaue Halle
8. Bild: Unterirdisches Gewölbe im Mausoleum
9. Bild: Garten am Nil
10. Bild: Prüfungsbahn am Eingang zum Sonnentempel
11. Bild: Ein Raum im Tempel
12. Bild: Tordurchblick mit Osiris im Sonnentempel

Figuren:

Sarastro, ein Priester; Tamino, ein Prinz; Erster Priester; Zweiter Priester; Königin der Nacht;
Pamina, ihre Tochter; Erste Dame; Zweite Dame; Dritte Dame; Papageno, ein Vogelmensch; Papagena, ein altes Weib;
Monostatos, ein Mohr; Erster Sklave; Zweiter Sklave; Erster Geharnischter; Zweiter Geharnischter;
Drei Knaben, ferner: Priester und Priesterinnen, Volk, wilde Tiere

Der Gedanke, auf diesem Theater irgendwann einmal (wieder) eine Oper zu spielen, hat uns von Anfang an beschäftigt. Denn beim Kauf der Bühne Ende der fünfziger Jahre fanden sich im ältesten Teil des Fundus auch Dekorationsteile zum „Freischütz", der somit bereits im Baujahr des Theaters (1821) gespielt worden ist – im selben Jahr wurde er am gleichen Ort (Berlin) auf der großen Bühne uraufgeführt.

Es folgten für uns zunächst Jahre der ausschließlichen Beschäftigung mit dem Schauspiel. Erst das Mozartjahr 1991 brachte wieder einen, nunmehr endgültigen Anstoß, sich um die Oper als Gattung zu bemühen. Wir machten mit dem Leiter des Brentano-Theaters Bamberg, Martin Neubauer, einen Mozart-Gedenkabend mit Texten und Liedern von Mozart und seinem im Todesjahr des Vaters gebore-nen, fast unbekannt gebliebenen Sohn sowie dem einzigen von Mozart als Autor verfassten Puppenspiel „Die Liebesprobe". Gedacht für nur wenige Aufführungen, musste der Abend wegen großer Nachfrage ins nächste Jahr übernommen werden und wurde, da der Anlass des Todestages nunmehr verjährt war, geändert. Es gab eine Lesung der Novelle „Don Juan" des Mozart-Verehrers E.T.A. Hoffmann, dessen Lebensschicksal sich mit Bamberg verbunden hatte, unterbro-chen durch einige Szenen aus der Oper „Don Giovanni" auf der Bühne. Als wir sahen, wie gut diese aufgenommen wur-den und mit welcher Freude das Ensemble sie spielte, war der Entschluss gefasst, das Projekt „Oper" zielbewusst zu verfolgen. Moderne Puppenspieler behaupten, die Oper sei ungeeignet für Marionetten, eine Figur etwa „trüge" so etwas wie eine Arie nicht. Wir sind als historisch bestimmtes Theater ohnehin eine Bühne wider den

Du wirst sie zu befreien gehen, Du wirst der Tochter Retter sein.

*O Isis und Osiris,
schenket
Der Weisheit Geist
dem neuen Paar!*

1 *Würd' ich me*
Herz der Liebe
weih'n,
So müsst es diese
Jüngling sein.

2 *Nun fort! Las*
mich mit ihr
allein.

Zeitgeist, und deshalb schreckte uns diese weit verbreitete Ansicht nicht. Vielmehr meinen wir, dass eine vollständige, ungekürzte Aufführung durchaus möglich ist und auch vom Publikum akzeptiert wird, wenn sie als Gesamtkunstwerk konzipiert wird und damit den ganzen Menschen anspricht.

Die Wahl fiel auf die „Zauberflöte", nachdem uns ein leider bisher noch nicht realisiertes Projekt auf dem *Papier*theater, ein Schinkelabend über dessen hervorragende Leistungen als Bühnenbildner, beschäftigt hatte. So wurde denn der Bühnenbildner Schinkel mit seinen vollständig bekannten Dekorationsentwürfen für Berlin von 1816 der unmittelbare Anlass zur Wahl gerade dieser Oper.

Dabei haben wir uns nicht gescheut, selbst die Striche aufzumachen, die im Reclam-Libretto in eckigen Klammern stehen, das heißt, üblicherweise bei Aufführungen ausgelassen werden. Freilich erhält

die Aufführung einschließlich der auf einem historischen Theater dieser Art nötigen Umbauten eine Länge von fast vier Stunden. Aber die Musik ist von so wunderbarer Schönheit, dass wir das Wagnis eingegangen sind. Auch unsere Sprechtheater-Aufführungen, die alle die Länge von Schauspielen auf der großen Bühne haben, widerlegen die These, ein Puppenspiel müsse immer „kurz" sein.

Die „aufgemachten Striche" werfen manches Licht auf Einzelheiten, die bei herkömmlichen Aufführungen leicht untergehen. So wird zum Beispiel in der Mondnachtszene deutlich, dass Monostatos begnadigt wird, und Sarastros Arie „In diesen heil'gen Hallen kennt man die Rache nicht" bekommt auf diesem Hintergrund ein anderes Gewicht.

Bevor wir uns mit Einzelheiten unserer Inszenierung befassen, soll kurz die Handlung, wie sie der Mozart-Oper zugrunde liegt, angedeutet werden.

Prinz Tamino gelangt auf der Flucht vor einer riesigen Schlange vor den Tempel der Königin der Nacht. Drei Damen retten ihn und übergeben ihm ein Bildnis der Tochter ihrer Herrin. Sofort verliebt er sich in Pamina. Die „sternflammende Königin" erscheint und beauftragt ihn, ihre Tochter aus der Gewalt Sarastros, welcher sie entführte, zu befreien. Um gegen Zauber besser gefeit zu sein, erhält er die Zauberflöte und der zum Begleiter bestimmte Vogelmensch Papageno ein Glockenspiel. Drei Knaben führen sie in Sarastros Gebiet. Pamina wird von dem Mohrensklaven Monostatos bedrängt. Papageno taucht plötzlich auf, vertreibt ihn und erzählt Pamina von Taminos Liebe. Inzwischen erfährt Tamino, dass Sarastro ein weiser Herrscher sei und von der Königin der Nacht verleumdet wird. Nach ihrer ersten Begegnung von Sarastro werden Tamino und Pamina bald wieder getrennt, denn sie müssen sich den Einweihungsriten unterziehen.

Nach erneuten Verwicklungen um die Königin der Nacht – Paminas Vater war gestorben –, um Monostatos und Sarastro werden den Liebenden die Prüfungen ab-verlangt: Stillschweigen – Feuer und Wasser. Bei letzteren werden sie durch die Zauberflöte geschützt, so dass sie alle Proben bestehen. Papageno erhält, als er sich aus Kummer über sein einsames Dasein aufhängen will, seine Papagena, und Tamino und Pamina werden als Eingeweihte von Sarastro und den Priestern beim aufgehenden Glanz der Sonne gefeiert.

Im Ganzen haben wir uns gehütet, die Oper als Mysterium zu überfrachten. Wir nehmen sie so, wie sie unserer Meinung nach von Schikaneder, einem erfahrenen und kenntnisreichen Theatermann, gedacht war – als ein pralles, blutvolles Theaterstück aus der Tradition der Wiener Zauberstücke, das in einem breiten Spiegel gleichnishaft das Leben wiedergibt und auch dessen Ungereimtheiten und Widersprüche ausbreitet. Mit seiner Fülle von Bildern, Metaphern und einem strahlenden Schluss gibt es viel mehr als eine Revue für Auge und Ohr, nämlich Stoff zum Nachdenken und Hilfe zur Lebensbewältigung. Und das nicht trotz, sondern gerade wegen mancher Widersprüche, von denen auch das Leben alles andere als frei ist, in das der Zuschauer nach der Vorstellung wieder

1 *Es lebe Saras
Sarastro soll leb
Er ist es, dem wi
uns mit Freuden
geben!*

2 *Wie stark ist
doch dein Zaube
ton,
Weil, holde Flöte
durch dein Spiel
Selbst wilde Tier
Freude fühlen.*

Wo willst du, kühner Fremdling, hin? Was suchst du hier im Heiligtum?

49

Willst auch du dir Weisheitsliebe er-kämpfen?

1 *Sag mir, unb[e]kannte Schöne! Werden alle fre[m]den Gäste auf d[ie]se Art bewirtet?*

2 *Wo ist er den[n] dieser Papagen[o] – Da sitzt er, mein Engel! Ich heiße . . .*

3 *Fühlt nicht durch dich Sarastro Todes-schmerzen, So bist du meine Tochter nimmer mehr.*

entlassen wird. Es sind die Menschen nie schlecht gefahren, die Theater so machten und so anschauten.

Unsere besondere Beachtung galt den Frauengestalten der beiden Paare, des „hohen" und des „niederen" Paares. Mit Absicht hat unsere Kostümbildnerin den Papageno unserem beleibten Hanswurst mit dem köstlich-naiven Gemüt angeglichen (recht „knuddlig" sollte er werden, und er wurde es) – steht er doch in der Reihe der großen komischen Gestalten der Theatergeschichte. Zielsicher wird er von Papagena, die er zu leiten meint, geführt . . . Wenn der moderne emanzipierte Mensch eine angebliche „Frauenzurück-setzung" in der „Zauberflöte" moniert, so übersieht er dabei wichtige, ja ausschlag-gebende Stellen des Textes. „Mann und Weib und Weib und Mann, reichen an die Gottheit an" – das ist letztlich die Bot-schaft und das Geheimnis der „Zauber-flöte". So drückte es August Everding an-lässlich einer seiner Zauberflöten-Insze-nierungen vor einigen Jahren aus. Und auch Pamina wird in der entscheidenden, letzten Prüfung zur Führerin und Retterin des geliebten Mannes, mit dem sie ge-meinsam die Feuer- und Wasserprobe zu bestehen hat: „Ich werde aller Orten an deiner Seite sein. Ich selbsten führe dich, die Liebe leitet mich!" Das alles bleibt in der Aufführung nicht trockener, geschrie-bener Text, sondern wird lebendig durch die Musik. Ivan Nagel hat dazu den wun-derbaren Satz geschrieben: „Der Atem der

Ihr, in dem Weis-heitstempel einge-weihten Diener der großen Götter Osiris und Isis!

Frauenstimme im Raum der Gefahr gibt uns die einzige, wehrlos kühne Versicherung, dass das gute Ende möglich sei, und dass Gewährung sich endlich neigen werde über alle Qualen und Zweifel der Bewährung." Der Atem der Frauenstimme – die „Zauberflöte" ist ein Hoheslied sowohl über die Liebe zwischen Mann und Frau als auch über die Nächstenliebe.

Uns hat von jeher auch eine Stelle des gesprochenen Dialogs wegen ihrer gläubigen Gelassenheit dem Tod gegenüber besonders innig berührt. In der Priesterversammlung heißt es, als über die Prüfungen beraten wird: „Wenn er nun aber in seiner frühen Jugend leblos erblasste?" Darauf antwortet Sarastro: „Dann ist er Osiris und Isis gegeben und *wird der Götter Freuden früher fühlen als wir.*"

Im Verfolg dieser Einstellung zum Werk spielen wir die Oper so weit wie nur irgend möglich so, wie sie das Libretto bzw. die Dekorationen von Schinkel vorgeben. Bei uns erscheint Sarastro im von Löwen gezogenen Wagen, die Priester tragen die von Schikaneder geforderten „transparenten Pyramiden in der Größe einer Laterne", die beiden schwarz geharnischten Männer haben „Helme, auf denen Feuer brennt", und die beiden Priester treten, wo es verlangt wird, mit Fackeln auf. Bei den Dekorationen ergab sich die Notwendigkeit, die als Albumblätter auf jeweils einem Blatt dargestellten verschiedenen Ebenen der Bühnenbilder (man nennt diese „Bögen", soweit sie eine Durchsicht gestatten, und „Prospekt", soweit sie das Bild abschließen) wieder aufzulösen. Das ist tech-

nisch keine Schwierigkeit. Anders verhält es sich mit den seitlichen Kulissen, die bei Albumdarstellungen (und so auch bei Schinkel) weggelassen werden. Man kann sie durch neutrale Abgrenzungen (etwa dunkle Stoffbahnen an den Seiten) ersetzen (denn man braucht sie, um seitliche Einsicht in die Nebenbühne zu verhindern) oder im Geiste des ursprünglichen Entwerfers neu malen. Wir entschlossen uns für den zweiten Weg und sehen die künstlerische Rechtfertigung für dies Vorgehen darin, dass für den Gesamteindruck des Bühnenbildes Prospekte und Bögen, in der Regel nicht aber die Kulissen bestimmend sind. Das ging in klassischer Zeit so weit, dass man bei Neuherstellung einer Dekoration oft nur den Prospekt malte und die Kulissen aus einem vorhandenen Satz (etwa: offene Gegend) nahm und benutzte. Wir stellten auch fest, dass bei Verwendung neutraler seitlicher „Kulissen" die Tiefenwirkung der Bilder erheblich leidet, so dass die Raumwirkung der wunderbaren Schinkelschen Prospekte mit ihren Tiefen erheblich gelitten hätte. Man ist sich nach dem heutigen Stand der Forschung auch nicht klar darüber, wie viele Prospekte Schinkel transparent, d. h. von hinten durchleuchtet, hat malen lassen (eine beliebte Technik des alten Theaters mit unglaublich plastischer Wirkung). Wir haben uns darauf beschränkt, einen einzigen Prospekt transparent zu malen (6. Bild: Garten vor dem Mausoleum), weil dies ganz offensichtlich dem damaligen Zustand bei der Aufführung entspricht, und auch davon abgesehen, „übersetzende" Lösungen (etwa durch Ver-

1 *Mir wird gan wunderlich ums Herz. Ich möcht ich wünschte – j was denn? Ein Mädchen od Weibchen Wünscht Papag sich!*

2 *Eh' ich mich zurückziehe, sol die Erde mich ve schlingen.*

3 *Wollt ihr die Speisen nicht ve schmähen, So esset, trinket froh davon.*

Sie quält verschmähter Liebe Leiden. Lasst uns der Armen Trost bereiten! Fürwahr, ihr Schicksal geht uns nah!

*Dein Ton sei
Schutz in Wasser-
fluten,
So wie er es im
Feuer war.*

1 *Ich selbsten
führe dich,
Die Liebe leitet
mich!*

2 *Nur stille, stil
stille, stille!
Bald dringen wir
in Tempel ein.*

3 *Die Strahlen
der Sonne vertre.
ben die Nacht.*

wendung von Schleierprospekten) zu be- nutzen. Schließlich haben wir nicht plas- tisch gearbeitet, sondern in der klassischen Tradition flach gemalt, zum Teil sogar Mö- bel, wie das zu Schinkels Zeit üblich war. Für das Flugwerk, das nur einmal im Li- bretto sehr knapp als „mit Rosen bedeckt" beschrieben wird, haben wir uns mit Rück- sicht auf Schinkels ägyptisierende Entwür- fe für ein ägyptisches Schiff aus Papyrus entschieden, das sowohl fliegt als auch bei entsprechenden Auftritten der Knaben schwimmen, d. h. hinter einer Uferfront wie sie Schinkel entworfen hat, fahren kann. Außerdem haben wir eine einzige Dekora- tion gegenüber Schinkel verändert: für den Hain der Priester (4. Bild) wählten wir die entsprechende Dekoration von Quaglio aus der Oper in München. Wir halten das für vertretbar; Schinkel war mit Quaglio be- kannt und hat ihn auch besucht, beider Auf- fassung ähnelte sich so, dass ein unbefan- gener Zuschauer das Bild für eine Schöp- fung Schinkels hält. Uns schien es mit sei- ner strengeren Anordnung der Palmen der Priesterszene mehr zu entsprechen als Schinkels landschaftlich freiere Auffas- sung. Um aber dieses schöne Bild nicht zu entbehren, verlegten wir Paminas ersten Auftritt aus ihrem Zimmer in eine Terrasse (2. Bild: „Vor Paminas Gemach"), die wir durch eine ebenfalls von Schinkel entwor- fene Vorhangumrahmung andeuteten und dahinter die Schinkel-Landschaft brachten. Doch auch das von Schinkel entworfene Gemach Paminas (eigentlich: 2. Bild) ging nicht verloren. Es gibt nämlich im Libretto den vorletzten Auftritt überhaupt (Eindrin- gen der Königin mit ihrem Gefolge in

Sarastros Reich), der nach Schikaneder oh- ne Szenenwechsel in dem gleichen Garten spielen soll, in dem eben Papageno und Papagena sich fanden. Weil jeder das als un- passend empfindet, wird bei Aufführungen in der Regel eine nicht vorgeschriebene Verwandlung eingebaut und dafür meist das „Unterirdische Gewölbe" mit seiner Düs- terheit benutzt, dessen Verwandlung in das Schlussbild (Sonnentempel) viel imponie- render ist als die eines – notabene – hellen Gartens in den strahlenden Tempel. Wir sind diesen Weg nicht gegangen, lassen aber auch die Szene des Eindringens in einem düsteren Raum spielen, nämlich in Schinkels Gemach Paminas, das eine düster blaugraue Farbe zeigt und gut als ein belie- biger Tempelraum gelten kann, durch den die Eindringlinge („Bald dringen wir in Tempel ein") schreiten.

Über die Feuerprobe gibt es eine zeit- genössische Schilderung aus einer Auffüh- rung mit dieser Dekoration, an die wir uns genau halten konnten. Merkwürdigerweise fehlt eine solche über die Wasserprobe, die wir mit Mitteln der Theatermalerei gelöst haben, wie sie der Schinkel-Epoche entspre- chen. Die Feuerprobe ist auch ein Motiv im Christentum, um Unschuld zu beweisen. Den Bambergern kann zur Anschauung das Grabmal von Riemenschneider im Dom empfohlen werden. Kaiser Heinrich, der an der Treue seiner Gattin Kunigunde zweifel- te, ließ sie mit bloßen Füßen über glühende Pflugscharen laufen.

54

PRINZ ROSENROT UND PRINZESSIN LILIENWEISS

Romantisches Zauberspiel in drei Aufzügen von Franz Graf von Pocci

Dekorationen:

1. Bild: Im Walde
2. Bild: Im Zaubergarten des Negromanticus
3. Bild: Im Schloss des Königs Goldkron
4. Bild: Gebirgsgegend
5. Bild: Im schauerlichen Schlangental
6. Bild: Im Zaubergarten des Negromanticus
7. Bild: Im Burghof

Figuren:

Die Fee Liebinniglich; König Goldkron; Prinzessin Lilienweiß, dessen Tochter; Prinz Rosenrot;
Kasperl Larifari, sein Knappe; Ritter Hugo von Felseck;
Fräulein Emma von Hohenthal; Gretel, Kammerzofe der Prinzessin; Der böse Zauberer Negromanticus;
Leopardus, Wächter des Zaubergartens; Dünkelmayer, Hofrat; Der Drache Feuerrachen;
Der Teufel; Chor der verzauberten Blumen

Dies Stück gehört zu den romantischen Schauspielen und steht noch ganz in der Tradition der Wiener Zauberkomödien um Ferdinand Raimund. So findet sich beispielsweise das Motiv der in Blumen verzauberten Mädchen bei Raimund im „Diamant des Geisterkönigs". Man nennt solche Stücke auch Maschinenkomödien wegen des beliebten Einsatzes der Theatermaschinen wie Flugwerke, Versenkungen und dergleichen. Das ist eine Tradition, die in die Barockzeit zurückreicht.

Auch „Rosenrot" spiegelt deshalb die Welt des großen Theaters jener Epoche, obwohl es eigens für das Marionettentheater geschrieben wurde. Sein Verfasser, der Graf von Pocci (1807–1876), war ein Deutsch-Italiener und hoher Hofbeamter in München, wo er drei bayerischen Königen in herausragender Stellung diente. Daneben war er ein vielseitiger Künstler, der neben seiner schriftstellerischen Tätigkeit auch als Komponist hervorgetreten ist und ein umfangreiches graphisches Werk hinterlassen hat.

Zum Marionettentheater hatte er eine besondere Neigung, und als 1858 der Gründer des heute noch bestehenden Münchner Marionettentheaters an ihn mit der Bitte herantrat, für die Eröffnung ein Stück zu schreiben, kam er mit diesem „Rosenrot" gern diesem Wunsch nach. Er war damals 51 Jahre. Es folgte eine jahrzehntelange Zusammenarbeit, aus der eine lange Reihe liebenswürdiger, oft leicht ironischer Komödien hervorging. Pocci rettete auch das berühmte Kostüm des Hans Wurst (bei ihm: Kasperl Larifari) durch seine Texte, seine Zeichnungen und seinen persönlichen Einfluss auf das Münchner Theater in die Neuzeit hinüber: hoher spitzer Hut, rote Jacke, grüne Weste, gelbe Hose. Einst (im Jahre 1701) hatte es der große Schauspieler Stranitzki für seine eigenen Auftritte als Hans Wurst geschaffen. Zugrunde liegt die Tracht eines Salzburger Sauschneiders.

Graf Pocci gehörte zu den Münchner Originalen. Als er 1876 starb, hieß es: „Der Kasperl-Graf ist tot ..." Sein Auftraggeber von 1858 lebte und leitete sein Theater noch bis ins 20. Jahrhundert hinein. Heute hält die Stadt München schützend ihre Hand darüber.

Im Traum erscheint dem Prin Rosenrot die Fee Liebinniglich und zeigt ihm die Prinzessin: „Treu hal aus und ringe ständig, denn der Kampf ist unabwendig in des Erdenlebens Krei Wer nicht durch das Leid gedrungen, hat auc keinen Sieg errungen und pflückt keinen Lorbeerkranz!"

1. Bild: In einem einsamen Walde

Prinz Rosenrot zieht mit seinem Knappen Kasperl schon ein Jahr erfolglos durch die Welt, einem Traumbild nach: Der Prinzessin Lilienweiß, die er erlösen soll. Ermüdet legen sich die beiden zur Ruhe. Im Traum erscheint dem Prinzen auf einer Wolke die Fee Liebinniglich und zeigt ihm die Prinzessin Lilienweiß mit dem Trost, dass er nah an seinem Ziele sei. Am Morgen zieht der Prinz wohlgemut und gestärkt weiter.

2. Bild: Im Zaubergarten des Zauberers Negromanticus

Hier steht, zusammen mit anderen Damen in Blumen verwandelt, die Prinzessin Liebinniglich, bewacht von einem in menschliche Gestalt verzauberten Leoparden. Der Zauberer hat die Prinzessin wie auch ihre Leidensgenossinnen geraubt und in eine Blume verwandelt, weil sie ihn nicht heiraten wollte. Sie bleibt auch jetzt standhaft, auch eine Rezitativ-Arie des bösen Zauberers kann ihren Sinn nicht ändern. Flatternde Schmetterlinge trösten die trauernden Blumen, und zuletzt erscheint auch noch die Fee Liebinniglich, um eine nahe Rettung zu verkünden.

3. Bild: Im Audienzsaal des Königs Goldkron

König Goldkron, der Vater der Lilienweiß, ist voll Trauer über seine vor einem Jahr verschwundene Tochter. Er hat einen Gelehrten, den Hofrat Dünkelmayer, engagiert, der versprochen hat, sie wiederzufinden. Tatsächlich aber hat er die erhaltenen Gelder unterschlagen und beschließt jetzt, mit einem weiteren größeren Vorschuss nach Amerika zu entfliehen.

Kasperl erscheint und bringt eine Mitteilung seines Herrn, dass dieser die Prinzessin in Kürze zu finden und zu erlösen hoffe. Der König ist hocherfreut und gibt Kasperl einen Brief mit, in dem er dem Prinzen die Krone und die Hand der Prinzessin verspricht.

4. Bild: In einer einsamen Gebirgsgegend

Der Prinz erwartet Kasperl, den er zum König geschickt hatte. Da naht ein schreckliches Untier, ein Bär, der sich aber als von Negromanticus verzauberter Ritter zu erkennen gibt und dem Prinzen erzählt, wie allen zu helfen sei: Im Schlangentale stehe eine Eiche, von einem Drachen be-

1 *Auch der Vater war nicht untätig. Ein eigens angestellter Gelehrter soll ihren Aufenthalt ermitteln.*

2 *Seit einem Jahr sucht Prinz Rosenrot nach der verschwundenen Prinzessin Lilienweiß.*

3 *Der Gelehrte, Hofrat Dünkelmayer, ist ein Betrüger und will sich nur bereichern.*

Ein Zauberer hat die Prinzessin wie auch andere Mädchen in Blumen verwandelt und lässt sie von einem Wächter namens Leopardus bewachen.

wacht, und ein Zweig dieser Eiche löse allen Zauber. Beide brechen auf.

Es erscheint der verräterische Hofrat. Er trifft den Teufel und schließt mit ihm einen Pakt, ihn nach Amerika zu führen. Beide fahren durch die Luft ab.

Kasperl tritt auf und sucht seinen Herrn vergeblich.

5. Bild: Im schauerlichen Schlangentale

Der böse Drache erzählt seine Lebensgeschichte: Ein Sohn des Negromanticus, sei er nicht immer ein böser Drache, sondern ursprünglich ein lustiger Papierdrache gewesen. Der Prinz, der Bär und später auch der Kasperl treten auf. Der Drache wird besiegt und dadurch erlöst. Er flattert als Papierdrache in die Lüfte. Der Prinz tritt zur Eiche, um den Wunderzweig zu brechen. Die Szene verwandelt sich in das

6. Bild: Im Zaubergarten des Negromanticus

Kasperl tritt als erster auf, wird aber von Negromanticus, der eine große Gefahr vorausgesehen hatte, in einen Esel verwandelt. Unbemerkt können der Prinz und der Ritter eintreten und die Blumen in Menschen zurückverwandeln. Sie entzaubern auch Kasperl. Unter den Worten der Fee Liebinniglich bricht schließlich der böse Zauberer Negromanticus zusammen. Abermals verwandelt sich die Szene, und zwar zur

Schluss-Apotheose: Im königlichen Burghof

Unter den Klängen eines feierlichen Hochzeitsmarsches erscheinen, geleitet von Ehrenjungfrauen und Herolden, Prinz Rosenrot und Prinzessin Lilienweiß im Brautstaat und schreiten zu ihrem Hochzeitsfest.

Bei der hilfreiche Zaubereiche treffen Bär und Prinz mit dem Knappen zusammen, der einen Brief vom König überbringt.

Mit einer weiteren Vorauszahlung hat sich Dünkelmayer abgesetzt und will nach Amerika; der Teufel persönlich hilft ihm dabei.

1 *Um einen Zweig der Eiche zu brechen, muss ein Kampf mit dem Drachen bestanden werden.*

2 *Die Damen sind befreit, die Fee Liebinniglich verkündet das glückliche Ende.*

3 *Der Prinz trifft auf einen Bären, der ein verzauberter Ritter ist – so vereitelte der Zauberer einst einen Befreiungsversuch an einer der verwandelten Damen.*

4 *und* **5** *Der Hochzeitszug und das strahlende Brautpaar*

3

4

5

DIE PRINZESSIN UND DER SCHWEINEHIRT

Zaubermärchen nach Andersen in drei Aufzügen

Von Theodor Overbeck (Schreibers Kinder-Theater, 62. Heft)

Dekorationen:

1. Aufzug: Rittersaal im Schlosse des Königs
2. Aufzug: Schlosspark vor dem Fenster der Prinzessin
3. Aufzug: Ärmliche Hütte im Walde. Die Handlung spielt ein Jahr später
Schluss-Apotheose: Winterwald; Verschneites Dorf; Rittersaal wie im 1. Aufzug

Figuren:

Der König; die Prinzessin, seine Tochter; Gundular, ihre Hofdame; der Hofmarschall;
Prinz Spekulatius; ein Hauptmann

as Stück gehört zu den typischen Kindertheater-Stücke des 19. Jahrhunderts. Der Text erschien im Verlag von J. F. Schreiber in Eßlingen, der außer sehr vielen Dekorationen wohl die meisten Texte (hier: 62. Heft!) herausgebracht hat. Es mag an die 150 Jahre alt sein. Das war eine Epoche, in der das Märchen ins Kindertheater vorgedrungen war, das auch als „Weihnachtsmärchen" ins große Theater eingezogen war. Früher, in der klassischen Epoche, gab es kein ausgesprochenes Kindertheater im literarischen Sinne. Kinder gingen, wenn die Erwachsenen das für geeignet hielten, ins große Theater, und wenn man dort Märchen spielte, waren das Märchen für Erwachsene wie die Wiener Zaubermärchen (Raimund, Haffner) oder Sagen (Don Juan, Genoveva, Undine) – für Erwachsene von Erwachsenen.

Dass der Verlag seine Texte „Kindertheater" nannte, lag nicht an der Thematik (Märchen), sondern an der (vereinfachten) Textgestaltung für Kinder (auch klassischer Texte: Götz von Berlichingen, Die Räuber etc.). Gespielt wurden diese Stücke auf Theatern, die man heute Papiertheater nennt, nicht nur, weil ihre Dekorationen und Proszenien (Bühnenportale) auf Papier ge-

druckt sind, sondern auch, weil es zu allen Stücken auch auf Papier gedruckte Figurenbogen gab, mit denen man, auf Karton aufgezogen und an Stäben von der Seite oder Drähten von oben geführt, die Stücke auf den kleinen Bühnen darstellen konnte. Technisch jedoch gab es, was die Dekorationen, Theater und die Texte betraf, keinen Unterschied zwischen Papiertheatern und häuslichen Marionettentheatern. Man spielte auf den kleinen Bühnen mit beiden Arten von Figuren, denn es gab viele Arten kleiner Marionetten. Die einfachsten von ihnen (nur an einem Draht am Kopf hängend, ohne Armfäden, aber vollplastisch und kostümiert) nannte man in Österreich „Pimperln". Wegen dieser allgemeinen Verwendung der kleinen Theater nannte Schreiber seine Erzeugnisse auch nicht „Papiertheater", sondern Kindertheater.

Eine schnippische Prinzessin weist, sehr zum Leidwesen ihres Vaters, dessen einziges Kind sie ist, jeden Bewerber um ihre Hand zurück. Hochmütig tut sie das auch gegenüber dem Prinzen Spekulatius, wofür sie vom Vater 24 Stunden Hausarrest erhält. Der Prinz aber versichert dem König, auf den er einen starken Eindruck gemacht hat: „Mein Hochzeitsfest ist aufgeschoben, doch nicht aufgehoben! Mein Plan steht fest; Ihr sollt den Ausgang loben." Er be-

Doch ist's nicht das Ende. Zurück geht es durch Schnee und Eis zum versöhnten königlichen Vater

sitzt einen Wundertopf, der auf Befragen mit seinem Dampf anzeigt, was ein bestimmter Haushalt heute zu Mittag isst. Den führt er, verkleidet als Schweinehirt, der Prinzessin vor, die, neugierig genug, sich über den Hausarrest hinwegsetzt. Nur für sieben Küsse ist ihm der Topf feil. Nach leichtem Sträuben (denn auch sie hat der Prinz sehr beeindruckt) geht sie darauf ein, wird prompt vom Vater erwischt und mitsamt Topf und Schweinehirten verbannt. Dieser heiratet sie in der Fremde, sie lernt die einfachen Dinge des Lebens und die Liebe eines treuen Mannes schätzen, muss sich um Haus, Garten und Vieh persönlich kümmern, schließlich auch noch um einen Sohn, der beider ganzer Stolz und Freude ist. Nun ist ihre innere Reifung vollendet, der Prinz gibt sich zu erkennen und lässt sie auch wissen, dass der König inzwischen seine vorschnelle Entscheidung bereute. Einer Heimkehr steht nichts mehr im Wege. Unter Glockengeläut verwandelt sich das Theater in einen Winterwald, ein Weihnachtslied erklingt und sie wandeln durch Schneefall weiter in ein Dorf. Schließlich hebt sich der Prospekt zum Blick in den Rittersaal des ersten Aufzuges. Ein Christbaum steht in der Mitte, gerührt feiern König und die junge Familie den Neuanfang. Das Reich wird nach des Königs Tode ein geläutertes, menschliches Herrscherpaar haben.

1 *Am Christbaum überraschen sie den König, der längst sein hartes Verbannungs-Urteil bereut hat.*

2 *Von der arroganten Prinzessin als Prinz abgewiesen, kehrt der Freier als Schweinehirt zurück, versehen mit einem Zaubertopf.*

3 *Als Frau des Schweinehirten: Aus ist es mit dem Hochmut. „Vereint mit dir und unserm Kleinen, kann nichts mehr schöner mir erscheinen!"*

DER KURIER DES ZAREN

Puppentheaterstück in 5 Akten (8 Bildern) nach einem Roman von Jules Verne

Dekorationen:

1. Bild: Ein Fest beim Gouverneur von Moskau
2. Bild: Poststation an der Grenze
3./4. Bild: Telegrafenstation bei Kolywan; Verwandlung: Schlachtfeld bei Kolywan
5. Bild: Am Ufer des Flusses Angara
6. Bild: Brennende Vorstandt von Irkutsk
7. Bild: Kasematte in der Irkutsker Befestigung
8. Bild: Im Park des Schlosses von Irkutsk

Figuren:

*Der Großfürst, kaiserlicher Statthalter in Irkutsk; der Gouverneur von Moskau;
Michael Strogoff, Kapitän im Kaiserlichen Kurierkorps;
Marfa, seine Mutter; Feofar Khan, Fürst der Tartaren; Iwan Ogareff, verabschiedeter Oberst;
Harry Blount, englischer Zeitungskorrespondent; Alcide Jolivet, französischer Zeitungskorrespondent; Wasilius Fedor, Arzt,
verbannt; Nadeschka, seine Tochter; Sangara, Zigeunerin; Kissoff, General,
Adjutant beim Gouverneur in Moskau; Voronsoff, General in der Armee des Großfürsten in Irkutsk; Ein Postmeister;
Ein Telegrafist; Ein Tartarenführer; Offiziere; Soldaten; Tartaren; Verbannte und Flüchtlinge*

ules Verne (1828–1905), ein französischer Schriftsteller, ist als Autor von Zukunfts- und Abenteuerromanen schnell bekannt geworden und wird auch heute noch gelesen. Einige seiner Werke, darunter Michael Strogoff, verarbeitete er gemeinsam mit A. d'Ennery zu großen Schauspielen.

In unserem Jahrhundert sind manche davon verfilmt worden, darunter wiederum Michael Strogoff, und zwar unter dem Titel „Der Kurier des Zaren". Unser Text stammt aus dem Dänischen; schon sehr früh (im Jahre 1883) hat der Nestor des dänischen Papiertheaters, Alfred Jacobsen, das auf dem großen Theater in Kopenhagen (im Casino) aufgeführte Stück von Jules Verne auf das Papiertheater übernommen.

Diese Aufführung wird auch bei uns auf einem Papiertheater mit flachen Figuren, ausgeschnitten aus Karton, gespielt. Das Theater hat sich dazu aus zwei Gründen entschlossen; zum einen kommt es damit einem immer wieder geäußerten Wunsch nach Gastspielen außerhalb der festen Spielstätte entgegen, die mit dem kostbaren alten Marionettentheater nicht möglich sind. Mit dem Papiertheater aber kann man jeder Einladung an einen anderen Spielort leicht folgen. Zum andern aber ist man beim Verfolgen der theatergeschichtlichen Ziele bemüht, die subtile Kunst des Papiertheaters lebendig zu erhalten. Denn das Papiertheater hat sich genau wie das klassische Marionettentheater immer nur als Wiedergabe des großen Theaters im kleinen Maßstab verstanden, und überdies wurde früher in der (familiären) Spielpraxis gar kein Unterschied gemacht. Man spielte auf den Papiertheatern sowohl mit Papierfiguren als auch mit plastischen Marionetten. Alle Figuren, mit denen man Theater spielt, sind „Marionetten". Das Wort kommt aus dem Französischen und bedeutet „kleine Maria" (aus der Zeit, als man auch geistliche Spiele mit Puppen darbot). So ist eine Figur des „Papiertheaters" genau so eine Marionette wie etwa eine Handpuppe, umgangssprachlich auch „Kasperlefigur" genannt. Eine Entscheidung für die eine oder

1 *Moskau, im Palast des Gouve neurs. Der Zigeu ner Ogareff (ein relegierter Obers. bittet als Lohn für Tanzdarbietunge. auf einem Ball ui einen Pass nach Sibirien.*

2 *Poststation an der Grenze. Der Kurier des Zaren in Zivil als Kaufmann Stroganoff reisend, bei einer kurzen Rast mit seiner Begleiterin Nadeschka.*

3 *Am Ufer des Flusses Angara. Der Kurier und d Korrespondenten von Flüchtlingen auf einem Floß mitgenommen, müssen durch ein Feuergefecht mit Tartaren.*

andere Spielweise hing lediglich davon ab, wie viel Geld man für ein Theater investieren wollte. Denn die Figurenbogen des Papiertheaters (heute gesuchte Antiquitäten, weil – wie auch die Dekorationen – exakte Wiedergaben aus der Welt der großen Bühne) wurden damals als Bilderbogen für Pfennige gehandelt, während eine einzige plastische Marionette schon um ein Mehrfaches teurer war als ein Bogen mit vielleicht einem Dutzend Papierfiguren.

Der besondere Reiz des Papiertheaters besteht darin, dass es wie ein lebendig werdender Guckkasten wirkt. Guckkästen mit ihrer kulissenartig in die Tiefe gestaffelten Staffage haben seit Jahrhunderten die Menschen fasziniert (erst jüngst hat ein geschickter Zeichner aus Nürnberg eine neue Städte-Ansicht-Reihe „Nürnberger Guckkästen" herausgebracht). Fängt nun die menschliche Staffage eines solchen „Guckkastens", nämlich einer Papierthea-

terbühne, an, sich nach dem Aufgehen des Vorhangs zu bewegen und zu sprechen, so hat dies eine bezaubernde Wirkung, der sich kaum jemand entziehen kann. Unterstützt wird der Eindruck durch die von uns vorgenommene Änderung des Bühnenportals zum „Hoftheaterformat". Auf den Fotos ist zu erkennen, dass das Verhältnis Höhe/Breite der Bühnenöffnung nahezu quadratisch ist, während der übliche Bühnenausschnitt ein liegendes Rechteck mit größerer Breite als Höhe bildet.

Das Stück selbst ist die dramatisierte Version eines über hundert Jahre alten Abenteuerromans, die Geschichte eines mutigen Kurieroffiziers, der eine rettende Nachricht quer durch Russland nach Sibirien bringen muss und sich dabei im Wettlauf mit einem Verräter befindet, der als falscher Kurier eine Katastrophe herbeiführen will. Sie ist mehrfach verfilmt und auch im Fernsehen ausgestrahlt worden.

1 *In einer Teleg fenstation streite sich Blount und livet, ein englisch und ein französi scher Korrespon dent, um den Vor tritt am Telegrammschalt*

2 *In den Kasem ten von Irkutsk stellt der Kurier den Ogareff, der sich mit gefälsch Nachricht als Ku rier ausgegeben hat, und erschieß ihn.*

3 *Finale: Im Par des Schlosses von Irkutsk wird der gelungene Entsat der belagerten Stadt gefeiert. De Großfürst – Statt halter (Mitte) dan allen, vor allem dem erfolgreiche Kurier Michael Strogoff (rechts, s lutierend). Dieser will keinen beson deren Lohn: „Ich habe nur meine Pflicht erfüllt, ge gen Gott, den Za ren und das Vater land!"*

Ogareff hat Erdöl in den Angara ge leitet, den Fluss anzünden lassen, und die Vorstädte von Irkutsk stehen in Flammen.

BLAUBART

Ein Puppenspiel von Georg Trakl

Dekorationen:

1. Bild: Schlosshof

2. – 4. Bild: Im Schloss

5. Bild: Im Wald vor dem Schloss

Figuren:

Der Alte; Elisabeth; Die Schwester; Blaubart; Der Knabe Herbert; Der Knabe Peter

it dieser Inszenierung (Konzept und Regie: Martin Neubauer, Bildliche Visualisierung, Bühnenbild, Figuren: Wolfgang Müller) hat das Bamberger Marionettentheater ein von seinen sonstigen, auf die Klassik und Romantik bezogenen Produktionen völlig abweichendes Vorhaben realisiert. Das Stück gehört zu einem Trakl-Abend, bei dem im 1. Teil unter dem Titel „Seine Augen standen ganz fern" Texte von und über Georg Trakl rezitiert werden und im 2. Teil dieses „Puppenspiel", wie Trakl es nannte, aufgeführt wird.

Sein Biograph Otto Basil bemerkt zu dem 1910 verfassten Manuskript: *„Schon ausgeprägt den perversen Duktus seines jungen Schöpfers zeigend, als Verdrängungsprodukt und Sturm- und Drang-Gedicht sehr aufschlussreich, ist das Puppenspiel ‚Blaubart' ein blutrünstiges, grandguignol-haftes Dramolett, das uns auf acht Einzelblättern erhalten ist. Die im Nachlass aufgefundene Handschrift stellt ganz sicher nicht die endgültige Fassung dar; zu der ist es möglicherweise nie gekommen. In einer altertümelnden Sprache gehalten (Herze . . . du zartliche Braut . . . Hei, lustig geschnäbelt zur Nacht . . .), die in ihrem Schwulst an die Pradler Ritterspiele gemahnt, . . . das Stück wäre heute ein Heiterkeitserfolg."*

Hier irrte Otto Basil; wir haben den Gegenbeweis angetreten. Zu danken ist dies der kongenialen Zusammenarbeit des Regisseurs (Leiter des Brentano-Theaters) und des Bühnenbildners (eines hochbegabten jungen Bamberger Künstlers). Dem extrem hochgespannten Pathos auf der Grenzlinie zwischen Jugendstil und Expressionismus würde auf einer Schauspielbühne vielleicht die Gefahr unfreiwilliger Komik innewohnen; hier im Marionettentheater sind die Zuschauer bei jeder Aufführung so erschüttert, dass sie nicht einmal zu applaudieren wagen. Weder Handlung noch Sprache versuchen, logisch oder realistisch zu sein. Das Märchen dient Trakl nur dazu, den Zustand der Betroffenen zu schildern. Ein Bilderbogen der Angst wird ausgebreitet – *Trakls* Ängste, die sich, kaum verändert, auch im Spätwerk finden. Dem Knaben Peter wird die Angst so unerträglich, dass er sich aus dem Fenster stürzt. Elisabeths Brautnacht ist eine Nacht der Todesangst; schließlich peinigt den Mörder selbst die Angst. Keine rationale Beschwichtigung des Alten vermag sie zu mildern.

Trakls Puppenspiel ist nur ein Fragment. Es macht die Szenen 1 bis 3 unserer Aufführung aus. Der Regisseur hat mit behutsamer Hand das Fragment so um andere Trakl-Texte ergänzt, dass es spielbar wurde und den Abend trägt. Die Szene 4 stammt aus den wenigen erhaltenen Passagen des 1907 entstandenen Trakl-Dramas „Don Juans Tod". Die Erscheinung einer Toten ängstigt Don Juan – sein Seelenzustand entspricht dem des Blaubart. Die große Szene vor dem Schloss trägt in den Trakl-Ausgaben den Titel „Dramenfragment aus der Spätzeit". Nichts spricht stär-

Der Stückvorhang zeigt ein Trakl-Porträt.

ker gegen die vermeintliche Lächerlichkeit des Blaubart-Entwurfs als die Nähe zu dem bedeutenden Spätwerk. Die Themen sind dieselben geblieben, das Personal trägt lediglich andere Namen. Da sind der Pächter (der Alte), der Knabe, der Mörder, die Schwester. Von diesem in unsere Aufführung hineingenommenen Text sagt Basil: *„Es ist das vollkommenste ‚Psychodrama' in deutscher Sprache, nämlich eine Dichtung des Klassischen Espressionismus, in der die substantivische Metapher die reale Diktion bei weitem überwuchert. Wären nur diese paar Szenen erhalten, so wüsste man, welche Bewandtnis es mit jener Generation hatte."*

Die Handlung wird bei uns nicht von Marionetten getragen, sondern von Papierfiguren, die auf dem bühnentechnisch raffiniert ausgestatteten Marionettentheater gespielt werden. Alle Figuren und die Dekorationen sind in Scherenschnitt-Technik hergestellt; Farbe wird nur durch das Licht erzeugt und blutiges Rot im Finale benutzt.

1. Bild: Der Alte und der Knabe Herbert beobachten vom Fenster aus eine Hochzeit im Schloss. Verzweifelte Ahnungen quälen den Knaben. Er weiß, welches Schicksal Blaubarts Frauen widerfährt. Seine Angst wächst ins Unerträgliche; er stürzt sich aus dem Fenster.

2. Bild: Blaubart führt seine junge Braut Elisabeth durch das Schloss. Sie wird von Angst gejagt. Er singt ihr ein seltsames, irrsinniges Lied.

Elisabeth erinnert sich an einen Knaben, den sie geliebt hat. Zur Mitternacht erscheinen die klagenden Geister der von Blaubart gemordeten Frauen. Wie unter Zwang ersticht Blaubart seine Braut.

3. Bild: Blaubart hat wieder geheiratet. Im Rausch ermordet er auch seine neue Frau.

4. Bild: Der Geist Elisabeths erscheint dem von Angst und Schuldgefühlen gequälten Blaubart. Als er den Saal erleuchtet, verschwindet der Geist.

5. Bild: Im Wald vor dem Schloss. Der Alte denkt an seine toten Töchter. Sein Sohn Peter glaubt, die Schwester im Dornenbusch singen zu hören. Als der Alte und Peter ins Haus gehen, erscheinen im Busch die Geister der Ermordeten: „Oh, wie süß ist das Leben". Blaubart tritt auf. Schuld und Angst drücken ihn, haben ihm „sein Antlitz genommen". Er erblickt die Geister und ersticht sich selbst. Der Alte und Peter finden seine Leiche. Dem Vater der Gemordeten bleibt Resignation: „Finsternis wogt im Herzen mir". Da beginnt das Schloss zu bluten (der Tod beendet den Kreislauf der Ängste).

Ein halbes Jahr nach der Niederschrift der letzten hier verwendeten Texte starb Trakl von eigener Hand.

Die Aufführung, besonders in Verbindung mit der vorangehenden Rezitation, gibt ein eindrucksvolles Bild eines expressionistischen Dramas und eines Mannes, den man gemeinhin nur als Lyriker kennt.

1 *Im Saal des Schlosses*

2 *Blaubart und Elisabeth*

3 *Der Alte und Peter*

Die Prozession der ermordeten Frauen

DER FREISCHÜTZ

Große romantische Oper
in einem Vorspiel und drei Aufzügen von Friedrich Kind

Musik von Carl Maria von Weber

Dekorationen:

1. Bild: Wald mit Eremitenwohnung
2. Bild: Vor einem Schenkgiebel
3. Bild: Im Vorsaal der Erbförsterei, eines ehemaligen Waldschlösschens
4. Bild: Nachts in der Wolfsschlucht
5. Bild: Am nächsten Tag, sonniger Wald
6. Bild: Agathes Zimmer
7. Bild: Romantische Gegend

Figuren:

Ottokar, böhmischer Fürst; Kuno, fürstlicher Erbförster; Agathe, seine Tochter; Ännchen, eine junge Verwandte;
Kaspar, Erster Jägerbursche; Max, Zweiter Jägerbursche; Ein Eremit; Kilian, ein reicher Bauer;
Samiel, der schwarze Jäger; Erster fürstlicher Jäger; Zweiter fürstlicher Jäger

nser Theater, das „Bamberger Marionettentheater Loose", die einzige Bühne Deutschlands, auf welcher der Besucher Abend für Abend klassisch-romantisches Theater „lupenrein" erleben kann, hat eine doppelte Beziehung zum „Freischütz". Zum einen ist es (dies Theater) mit seiner ganzen, heute noch Abend für Abend benutzten Maschinerie im Jahre 1821 in Berlin gebaut worden. Das heißt: in der Stadt und in dem Jahr, in dem damals Carl Maria von Weber seinen „Freischütz" uraufführte – umjubelt von Publikum und Kritik. Sein Pult rahmte man mit zwei schnell herbeigeschafften Orangenbäumchen ein. Zum andern: der (namentlich leider unbekannte) Schöpfer unserer Bühne, dieses Marionettentheaters, hat bereits im gleichen Jahr – 1821 – Webers „Freischütz" auf diese Bühne gebracht. Und wir sind stolz darauf, dass sich trotz mancher Dekorations-Verluste bis zum Ankauf des Theaters durch seinen Prinzipal Klaus Loose in rund 140 Jahren einige originale Dekorationsteile von damals erhalten haben, während die im Museum der Staatstheater in Berlin aufbewahrten großen Freischütz-Reste im Bombenhagel des 2.Weltkrieges untergegangen sind. Welche erhaltenen Teile das sind, kann man im abendlichen Theaterzettel nachlesen.

Was ist überhaupt der „Freischütz"? Viele wissen gar nichts mehr von ihm; im Musikunterricht der Schulen wird die Oper als antiquierte Kunstform stiefmütterlich behandelt, und es gibt sogar einen Teil des Publikums, der den Unterschied zwischen Schauspiel und Oper gar nicht mehr kennt. Speziell in Bamberg, wo es seit E. T. A. Hoffmanns Zeiten ein vom Reichsgrafen von Soden gegründetes Dreispartentheater gab, ist die Operntradition 1937 brüsk ab-

1 *Agathe, schon im Hochzeitsstaat erwartet in ihrem Zimmer die Braujungfern, die sie nach ländlicher Sitte „ansingen" wollen („Wir winden dir den Jungfernkranz aus veilchenblauer Seide").*

2 *Kaspar, Erster Jägerbursche.*

1 *Kaspar in der unheimlichen Wolfsschlucht.*

2 *Im Vestibul des ehemaligen Jagdschlösschens, das der Erbförsterei als Dienstsitz und Wohnhaus dient. Agathe und die mit ihr, der Mutterlosen, aufgezogene junge Verwandte Ännchen. Auf dem Tisch ein Strauß weißer Rosen vom Eremiten, der in der Oper eine besondere Rolle spielt.*

gebrochen und nach dem Krieg, als das Theater wiedereröffnet wurde – als reines Schauspielhaus – nicht mehr aufgegriffen worden.

Erst wir haben mit dem Wagnis, im Jahre 1997 die „Zauberflöte" ins ständige Repertoire aufzunehmen, wiederum eine Opernkultur in Bamberg begründet, sie mit dem „Freischütz" und neuerdings mit dem „Fliegenden Holländer" erweitert.

Der „Freischütz" also: die deutsche Oper par excellence. Eine Perle der Romantik, als solche ein Teil des Weltkulturerbes, mit welchem Titel sich die Stadt Bamberg schmücken darf. Waldesrauschen, betörend schöner Hörnerklang. Ein

menschliches Grundthema wird packend behandelt, noch dazu (als Dialogoper, das heißt mit vielen gesprochenen Passagen) auch dem völlig unvorbereiteten Zuschauer unmittelbar verständlich. Wie bei vielen großen dramatischen Werken ist auch sein Thema einer Sage entnommen. Ein gewissenloser Verführer, verdorben durch chaotische Kriegsläufe, der sich aus niedrigen Beweggründen dem Bösen verschrieben hat, macht sich an eine durch und durch ehrliche Haut heran, um seine eigene zu retten. Die Sache gelingt nicht.

Es gibt Opern, die hauptsächlich ihrer Musik wegen, nicht aber auf Grund ihres Inhalts interessant sind. Zu diesen gehört der „Freischütz" nicht. Er ist aktuell wie eh und je. Der Trieb, andere zu sich herabzuziehen, um das eigene bohrende Gewissen zu entlasten, ist so alt wie die Geschichte der Menschheit.

Ein Blick in die Wolfsschlucht. Kaspar bereitet das Gießen der Freikugeln vor. Unruhig ziehen die Wolken am mitternächtlichen Mond vorbei.

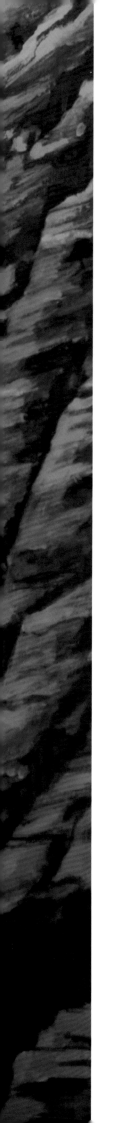

DER FLIEGENDE HOLLÄNDER

Romantische Oper in drei Aufzügen

Text und Musik von Richard Wagner

Dekorationen:

1. Aufzug: Steiles Felsenufer, Aussicht auf das Meer
2. Aufzug: Ein geräumiges Zimmer im Hause Dalands
3. Aufzug: Seebucht mit felsigem Gestade, im Vordergrund das Haus Dalands

Figuren:

Daland, ein norwegischer Kapitän eines Küstenseglers; Senta, seine Tochter; Erik, ein Jäger;
Mary, Sentas Amme; Der Steuermann Dalands; Der Holländer; Matrosen Dalands;
Die Mannschaft des fliegenden Holländers; Mädchen

Dies ist die letzte Einstudierung, in der ich in meiner Eigenschaft als Prinzipal Regie und Bühnenbild betreue. Die Wahl ist nicht zufällig getroffen worden. Sie knüpft an manches an, was in unseren im Repertoire befindlichen Produktionen eine mehr oder weniger herausragende Rolle spielt. Weber beispielsweise macht im „Freischütz" den Wald zu einem wesentlichen Thema in seiner Musik – Wagner tut das in seinem „Holländer" mit dem Ozean. Wer wollte bestreiten, dass die Hinführung zur lebendigen Natur in einer Zeit virtueller Erlebnisse via Fernsehen und andere Medien nicht eine Notwendigkeit wäre? Wichtiger ist mir eine andere Seite dieses Werks, eine menschliche Komponente, die unverbrüchliche Treue eines Menschen, die hier so weit geht, dass ein Mensch einen anderen durch die Treue zu ihm erlöst, wodurch das Ganze bis an eine geistliche Dimension heranreicht. Einer Gesellschaft den Spiegel hinzuhalten, die sich in Unverbindlichkeit gefällt, in der Spaß und Körperkult Werte wie Treue und Liebe an den Rand zu drängen drohen, wo „Lebens"-Gefährten mitleidlos gegen jüngere ausgewechselt werden, wenn es die Lust wünscht, ist eine wichtige Aufgabe des Theaters heute. Es ist deshalb kein Zufall, dass das Thema der Liebe und Treue in unserem Repertoire immer wieder eine Rolle spielt, man denke an die außerordentlichen und innerlich dominierenden Frauengestalten im Käthchen, in der Genoveva, im Freischütz, um nur einige zu nennen.

Worum geht es im Holländer? In der Ballade vom Holländer, die Senta im zweiten Akt singt und die neben der Auftrittsarie des Holländers (im ersten Akt) das Kernstück der Geschichte ist, wird es ge-

1 *Der Küstensegler Dalands, der seinen Heimathafen eines Sturmes wegen nicht erreicht hat, such[t] mit schon fast völlig gerefften Segeln Schutz in einer Bucht.*

2 *Dalands Mann[schaft] beim Bergen der letzten Segel.*

3 *Während sich Dalands Mannschaft zur Ruhe begeben hat, um die Möglichkeit zum Weitersegeln abzuwarten, erscheint das Schiff des Holländers, ein unheimliches, geisterhaft anmutendes Fahrzeug.*

1 *Der Holländer, wie er auf einem Gemälde in Dalands Haus dargestellt ist.*

2 *Während auf Dalands Schiff alles im tiefen Schlaf der Erschöpfung liegt, lässt sich der Holländer an Land rudern, wieder einmal sind sieben Jahre seiner rastlosen Fahrt vergangen …*

schildert: „… bei Sturmes Wut umsegeln wollt' er einst ein Kap; er schwur und flucht mit tollem Mut: In Ewigkeit lass ich nicht ab!! – Und Satan hört's – und nahm ihn beim Wort – und verdammt zieht er nun durch das Meer, ohne Rast, ohne Ruh'!"

Gott aber zeigt sich gnädig und eröffnet ihm einen Rettungsweg. Durch einen Engel lässt er ihm mitteilen, dass er alle sieben Jahre an Land gehen darf und um ein treues Weib freien darf. Findet er dies, so ist er von seinem Fluch erlöst. Freilich: ist sie nicht treu, so ist er zu weiteren sieben Jahren unsteter Fahrt verdammt, und wenn sie mit ihm bereits den heiligen Bund der Ehe geschlossen hat, so fällt sie sogar ewiger Verdammnis anheim.

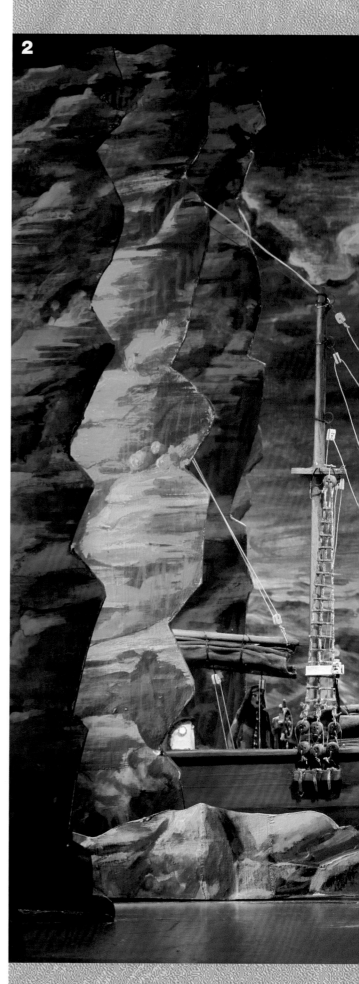

1 *Auftrittsarie de Holländers: „Die Frist ist um, und abermals verstrichen sind sieben Jahr'."*

2 *Der Jäger Erik der Senta gleichfalls liebt.*

3 *Daland betritt mit dem Holländer sein Haus. An der Wand das Bild des Holländers, das kurz vorher Gegenstand von Sentas Ballade war.*

4 *Senta und ihre Amme Mary.*

2

3

DAS KÄTHCHEN VON HEILBRONN

Großes romantisches Ritterschauspiel in fünf Aufzügen

nebst einem Vorspiel in einem Aufzuge, genannt:

Das heimliche Gericht

von Heinrich von Kleist

Dekorationen:

1. Bild: Eine unterirdische Höhle mit den Insignien des Femegerichts
2. Bild: Wald. Abendsonne durch die Bäume
3. Bild: Gebirgsgegend mit einer Köhlerhütte. Nacht, Regen, Donner und Blitz
4. Bild: Gemach auf Schloss Wetter Strahl
5. Bild: Ländliche Gegend. Ein Sitz mit einem Heiligenbilde
6. Bild: Gasthof bei Jacob Pech
7. Bild: Zimmer auf Burg Thurneck. Lichter am Tische
8. Bild: Schlosshof. Nacht. Das Schloss brennt
9. Bild: Gesträuch und altes Gemäuer vor der Burg, deren Zinnen sichtbar sind
10. Bild: Festlicher Saal auf Schloss Wetter Strahl
und (Finale) Inneres der Schlosskirche Strahl

Figuren:

Der Kaiser; Graf Otto von der Flühe, Rat und Vertrauter des Kaisers und Stuhlherr des Heimlichen Gerichts;
Helene, Gräfin von Strahl; Friedrich Wetter, Graf von Strahl, ihr Sohn; Ritter Flammberg, dessen Vasall; Gottschalk, des
Grafen Leibknappe; Fräulein Kunigunde von Thurneck; Rosalie, ihre Zofe; Brigitte, Haushälterin im gräflichen Schlosse;
Der Rheingraf von Stein; Georg von Waldstätten, dessen Freund; Theobald Friedborn, ein reicher Waffenschmied aus Heil-
bronn; Käthchen, seine Tochter; Jacob Pech, ein Wirt; Ein Köhler; Sein Bube; Schöppe des Heimlichen Gerichts; Ritter,
Leibwachen, Höflinge, Herolde, Pagen des Kaisers, Volk und Knappen auf Thurneck, Vasallen, Höflinge, Pagen, Spielleute
und Knappen des Grafen von Strahl, Boten und Knechte des Rheingrafen von Stein.

as ist ein großes deutsches Schauspiel, ich scheue mich nicht zu sagen: eines der schönsten aus der Zeit der deutschen Romantik. Betrachtet man den Inhalt nüchtern, so stellt man fest: eine banale Geschichte. Zwei kriegen sich zum Schluss und werden glücklich. Aber die meisten großen Dinge sind (um ein anderes Wort als „banal" zu gebrauchen) einfach. Nehmen Sie doch nur die zehn Gebote: wie knapp, wie einfach im Vergleich zur Regelungswut heutiger Bürokratie!

Was hat Kleist daraus gemacht! Auf der einen Seite ein nur scheinbar naives, einfach strukturiertes Mädchen. In Wirklichkeit ein ganz fest verwurzelter, zielstrebiger Charakter, der ganz genau weiß, was er will, weil er sich einem höheren Willen demütig fügt und ihm konsequent folgt. Denn sie folgt einem einfachen göttlichen Hinweis, den sie als solchen erkennt, und geht dann zielstrebig ihren Weg geradeaus. Sie weiß, dass das Ziel am Ende dieses Weges, mag es aussehen, wie es will, ihr Ziel ist und dass es ein gutes, ihr zugesagtes Ziel ist. Ihr ist der ihr bestimmte Ehegatte gezeigt worden, und seitdem

1 *Graf Wetter von Strahl führt seiner Mutter und dem Kaiser das hochzeitlich gewandete Käthchen zu.*

2 *Die Schlüsselszene des Schauspiels: durch behutsames Befragen des schlummernden Käthchens gehen dem Grafen Wetter von Strahl die Augen auf. Im Hintergrund die Burg Strahl.*

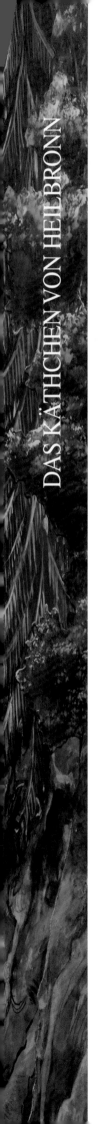

geht sie mit nachtwandlerischer Sicherheit ihren Weg, getragen von einem unwandelbaren Glaubensvertrauen, das in keiner noch so aussichtslosen Schicksalslage (Schicksal: was der Seele geschickt wird …) versagt. Bis zum Ende, als sie vor Glück nur noch weinen kann („Nein, nein, mir ist nur was ins Auge gekommen …").

Freilich ein Stück, ganz und gar gegen den Zeitgeist gebürstet. Wirklich? Was wir den „Zeitgeist" nennen, ist gar nichts Neues. Dieser Geist ist wie ein Myzel, das den Boden durchzieht, und in mancher Epoche treibt es mehr, in mancher weniger sichtbare Pilze aus eben diesem Boden. Und manchmal ist es halt so, dass viele solcher Pilze nicht ganz gesund sind und dem, der sie verzehrt, nicht gut bekommen. Weil wir das wissen, verzichten wir auch darauf, Käthchen in Jeans und Wetter von Strahl in einen Nadelstreifen-Anzug zu stecken, sondern wir vertrauen auf die Kraft Kleist'scher Sprache und seiner bühnentechnischen Anweisungen.

Also: wie immer traumhaft schöne Kostüme, wundervolle Dekorationen, entworfen von Künstlern in der Zeit der deutschen Romantik und ausgeführt in den Werkstätten des eigenen Theaters.

Kunigunde von Thurneck, zu Gast auf dem Schloss des Grafen von Strahl, erfährt von der alten Haushälterin Brigitte Interessantes über den Grafen.

Das Schauspiel hat zu Bamberg einen eigenen Bezug. Das damalige kleine Provinztheater (freilich mit einem bedeutenden Intendanten, Ignaz von Holbein (später Chef des Burgtheaters Wien), und einem bedeutenden Mitarbeiter, Ernst Theodor Amadeus Hoffmann) kann den Ruhm für sich verbuchen, der Ort der deutschen Erstaufführung des „Käthchens" zu sein, die hier 1811 stattfand. Vorher hatte es (1808) die Uraufführung in Wien gegeben, das nach den napoleonischen Kriegen damals schon nicht mehr zu Deutschland gehörte. Von Holbein schuf eine „Bamberger Bearbeitung", die das ganze 19. Jahrhundert hindurch maßgebend für die Aufführung auf deutschen Bühnen war. Natürlich spielen wir als Bamberger Marionettentheater diese Fassung.

Darüber hinaus hat auch das Bamberger Marionettentheater eine eigene Beziehung zu dem Schauspiel. Es ist bekanntlich 1821 in Berlin als Familientheater entstanden, und damals wurde bereits auf unserer Bühne auch das „Käthchen" gespielt, von dem sich sogar zwei Dekorationen im Original im Fundus erhalten haben und Abend für Abend, wenn das „Käthchen" gegeben wird, wieder auf der Bühne zu sehen sind. Doch das sind schon Einzelheiten, die im abendlichen Theaterzettel zu finden sind. Diese Zeilen können nur die Aufgabe haben, den Leser ins Theater zu locken, ihn zu verführen, sich dem lebendigen Geschehen auf der Bühne hinzugeben. Denn keine noch so eingehende schriftliche oder bildliche Schilderung kann das Erlebnis eines Theaterabends ersetzen!

Graf Wetter von Strahl mit seinem treuen Vasallen Gottschalk als Gast auf dem Schloss der Kunigunde von Thurneck.

MACBETH

Tragödie von William Shakespeare

Übersetzt von Dorothea Tieck

Dekorationen:

1. Bild: Offenes Gelände
2. Bild: Das schottische Lager bei Fores
3. Bild: Offenes Gelände
4. Bild: Das schottische Lager bei Fores
5. Bild: Zimmer in Macbeths Schloss Inverness
6. Bild: Schlosshof von Inverness
7. Bild: Festsaal im Königsschloss Fores
8. Bild: Im Park von Schloss Fores
9. Bild: Festsaal im Königsschloss Fores
10. Bild: Höhle
11. Bild: Zimmer in Macduffs Schloss Fife
12. Bild: Lager der Engländer
13. Bild: Zimmer in Macbeths Schloss Dunsinan
14. Bild: ebenda
15. Bild: Der Wald von Birnam
16. Bild: Zimmer in Macbeths Schloss Dunsinan

Figuren:

Erzähler; Drei Hexen; Duncan, König von Schottland; Malcolm und Donalbain, seine Söhne; Der Than von Rosse;
Banquo; Fleance, Banquos Sohn; Macbeth; Lady Macbeth; Macduff; Lenox; Pförtner; Ein Mörder;
Ein Diener; Drei Erscheinungen; Arzt; Kammerfrau; Ein englischer Krieger; Lords von Schottland; Englische Krieger.

elch ein Stück! Man nennt es eine Tragödie des absolut Bösen. Und welche Poesie darin, was für eine Schönheit der Sprache. Denn natürlich spielen wir als eine der Klassik verpflichtete Bühne die „Schlegel-Tieck"-Übersetzung aus der Zeit der deutschen Romantik. Sie ist im sprachlichen Rang der Leistung des großen Briten ebenbürtig.

Macbeth ist ein ursprünglich durchaus anständiger Mann, ein Feldherr, der seinem schottischen König soeben einen Krieg gegen norwegische Usurpatoren gewonnen hat.

Plötzlich, auf dem Weg ins Feldlager, wo ihn eine hohe Ehrung erwartet, fällt er in die Hände des Bösen in Gestalt dreier unheimlicher Hexen, die ihm außer der bevorstehenden Ehrung die Königswürde prophezeien. Das bohrt sich ein, das setzt sich bei ihm fest. Und tatsächlich, die von den Hexen prophezeite hohe Ehrung trifft wortwörtlich ein. Sollte nun nicht auch …? König von Schottland! Welch eine Aussicht!

Im Feldlager lädt sich sein König auf Macbeths Schloss Inverness ein. Macbeth schickt seiner Frau einen Boten mit einem vorbereitenden Brief, in dem er auch die Prophezeiung der Hexen erwähnt. Selbst vor Eintreffen des Königs angelangt, setzt ihm seine Frau zu, um ein letztes Zögern zu überwinden. Noch machtgieriger als er, wird sie zur wahren treibenden Kraft. Eine solche Gelegenheit kommt so bald nicht wieder; der König darf das Schloss nicht lebend verlassen.

Nachts nach dem Festmahl ermordet Macbeth den schlafenden König. Es gelingt ihm, die Spur zu verwischen und den

1 *Die drei Hexen lauern auf Macbeth, der auf dem Weg ins Feldlager ist.*

2 *Macbeth, gegen den die geflohenen königstreuen schottischen Adligen die Hilfe der Engländer erhalten haben, ist auf seinem Schloss eingekesselt und muss erfahren, wie die Hexen ihn betrogen haben: „Niemand, der vom Weibe geboren, wird ihn je überwinden!" Macduff (rechts) aber ist aus seiner Mutter Leib geschnitten worden …*

Verdacht auf die beiden Söhne des Königs zu lenken. Diese fliehen nämlich, um einem eventuellen Mordanschlag auf sich selber zu entgehen. Ungewollt machen sie sich dadurch nicht nur selbst verdächtig, sondern lenken auch jeden Verdacht von Macbeth ab.

Alles scheint gut zu gehen. Macbeth wird zum König gekrönt. Nur gibt es da noch eine weitere Prophezeiung jener drei Hexen: Macbeth' Freund Banquo, der ihn auf dem Weg ins Feldlager begleitet hatte, soll nach der Vorhersage der drei unheimlichen Frauen Vater schottischer Könige sein. Das lässt Macbeth keine Ruhe. Er hat den ersten Schritt getan, jetzt müssen weitere folgen. Banquo und sein Sohn müssen beseitigt werden. Durch gedungene Mörder lässt er seinen Freund umbringen, aber dessen Sohn entkommt.

Jetzt steigt die Furcht in ihm auf. Bei seinem eigenen Festmahl anlässlich seiner Krönung geschieht etwas Schreckliches: auf seinem Ehrenplatz sitzt plötzlich der Geist des ermordeten Banquo und verweigert ihm so, den Sitz des Königs einzunehmen. Schlag auf Schlag geht es nun dem furchtbaren Ende zu. Macbeth lässt die Familie eines anderen Getreuen (Macduff), der wie die Königssöhne geflohen war, auslöschen. Er sucht in seiner Verzweiflung noch einmal die drei Hexen auf, und diese geben ihm unter anderem eine gleisnerische Vorhersage: Keiner, der vom Weibe geboren ist, wird ihn überwinden. Und nie wird er besiegt, es sei denn, der Wald von Birnam bewege sich auf sein Schloss zu. Das gibt ihm neue Zuversicht, ja, Gewissheit: er wird herrschen, bis er eines natürlichen Todes stirbt!

Seine Frau ist inzwischen wahnsinnig geworden, sie wandelt nachts umher und wäscht sich unsichtbares Blut von ihren Händen. Schließlich nimmt sie sich das Leben.

Die Engländer, zu denen sich die Flüchtigen gerettet hatten, haben einen Feldzug gegen Macbeth begonnen, um den Königsmord zu rächen. Voll Vertrauen auf die Weissagung der Hexen verschanzt sich Macbeth siegessicher in seiner Burg. Nun überstürzen sich die Ereignisse: der Wald von Birnam bewegt sich auf das belagerte Schloss zu! Dafür gibt es eine ganz simple Erklärung: die Truppen der Engländer haben große Zweige abgeschlagen, um die Burgbesatzung über ihre wahre Anzahl hinwegzutäuschen.

Im Verlauf des Angriffs spürt Macduff Macbeth auf und sucht den persönlichen Kampf mit ihm, mit dem Mann, der nicht nur den König ermordet, sondern auch seine, Macduffs, Familie ausgelöscht hat. Und nun geschieht, womit Macbeth niemals gerechnet hat: Macduff ist nicht „vom Weibe geboren", denn er ist aus seiner Mutter Leib geschnitten worden. Von Macduffs Hand fällt nun Macbeth.

In einem großen Finale wird sein blutiges Haupt hereingetragen und der Königssohn Malcolm als rechtmäßiger Erbe zum König Schottlands ausgerufen.

Sie, verehrter Leser, sehen bei uns das Stück nicht auf einer „Shakespeare-Bühne", wo es (um 1600) kostbare Kostüme, aber kaum Dekorationen gab, sondern so, wie es die deutsche Romantik spielte, in der Zeit, als unsere Bühne 1821 in Berlin gebaut wurde. Das bedeutet: herrliche Kulissen nach Entwürfen zeitgenössischer Künstler und entsprechende Kostüme. Dank einem erhaltenem Kostüm-Buch, das der damalige Generalintendant der Berliner Königlichen Bühnen, der Graf von Brühl, hat zeichnen lassen, tragen die Protagonisten in unserer Inszenierung sogar Kostüme von Berliner Aufführungen aus dieser Epoche.

Banquos Geist erscheint auf Macbeths Sessel bei dessen Krönungsfeier.

DER SANDMANN

Romantisches Schauspiel von Rainer Lewandowski
nach der gleichnamigen Novelle von E. T. A. Hoffmann

Dekorationen:

1. Bild: Studierzimmer Nathanaels
2. Bild: Bibliothek mit einem alchimistischen Labor in Nathanaels Elternhaus
3. Bild: Zimmer bei Clara und Lothar
4. Bild: Ballsaal bei Professor Spalanzani
5. Bild: Auf dem Torturm der Stadt
6. Bild: Claras Landhaus vor der Stadt

Figuren:

Nathanael, ein Student; Nathanael als Kind; Der Vater; Die Mutter; Coppelius, ein Advokat;
Coppola, ein piemontesischer Brillenhändler; Clara, Verlobte Nathanaels; Lothar, ihr Bruder;
Siegmund, Kommilitone Nathanaels; Professor Spalanzani; Olimpia, ein Androiden-Automat; Ein Professor;
Ein Elegant; Damen und Herren einer Ballgesellschaft; Zwei Kinder

*D*er Sandmann ist die berühmteste Novelle E.T.A. Hoffmanns. Sie beginnt mit einer Rückblende auf die Kindheit eines Studenten Nathanael. Sein Vater trieb mit einem Advokaten (Coppelius) physikalische Studien und Experimente. Sein Ehrgeiz war, einen menschlichen Automaten („Androiden") herzustellen, der Klavier spielen und eine Arie singen konnte – heute würde man von einem Roboter sprechen. Die Konstruktion von Androiden lag im 18. Jahrhundert, dem Zeitalter des Rationalismus, in der Luft. Berühmte Uhrmacher konstruierten solche Automaten und führten sie gegen Eintrittsgeld öffentlich vor – nicht nur in menschlichen Formen; es gab beispielsweise auch eine künstliche Ente, die sich nicht nur natürlich bewegte, sondern auch fressen und verdauen konnte. In der Schweiz gibt es ein Museum, in dem einige solcher Automaten heute noch zu besichtigen sind, darunter die berühmte Klavierspielerin, die nicht etwa auf einer eingebauten Walze wie ein „elektrisches Klavier", sondern mit ihren automatischen gesteuerten Armen und Fingern mehrere Musikstücke auf einem echten Klavier spielen kann. Diese kannte gewiss auch E.T.A. Hoffmann, sie dürfte ihn zum „Sandmann" angeregt haben.

Das Schauspiel ist seitdem nicht nur in unserem regelmäßigen Repertoire, es hat mit ihm auch ein besonderes Ereignis in der Bamberger Theatergeschichte gegeben. Denn inzwischen wurde das Stadttheater baulich und technisch saniert, und zur Eröffnung des ganz und gar überholten alten Hauses wurde der „Sandmann" dort als Eröffnungspremiere gespielt. Das war in dessen Saison 2002/03, im Oktober 2002. Wie früher „Undine" konnte man nun, solange das Werk im großen Haus auf der Bühne stand, beide Aufführungen besuchen, diesmal (im Unterschied zur gesungenen Oper) mit dem Reiz, dass zur Eröffnung des großen Hauses die gleichen Schauspieler (von ein oder zwei Ausnahmen abgesehen) auftraten, deren Stimmen in unserer Produktion Abend für Abend zu hören sind.

1 *Professor Spalanzani, der Schöpfer des künstlichen Menschen, und der Student Nathanael im Festsaal von Spalanzanis Wohnung.*

2 *Clara, die Verlobte von Nathanael, und ihr Bruder Lothar.*

*Nathanael
schreibt in seiner
Studierstube,
einem ehemaligen
Maleratelier, einen
Brief an Clara.*

DAS STAUBSCHE HAUS

In diesem Stadtpalais aus dem Barock, zwölf Fensterachsen lang, residiert das Bamberger Marionettentheater nun schon seit 1986. Das Haus hat eine bewegte Vergangenheit. 1775 wurde es als Tabakfabrik gebaut. Das war nichts Ungewöhnliches, so ist z.B. das benachbarte Krankenhaus, obwohl von Beginn an als Krankenhaus konzipiert, ebenfalls als Palais gebaut worden. Seinen Namen erhielt es von einem Apotheker namens Staub, der es bald erwarb und für Wohnzwecke nutzte. Dann kam es in den Besitz der Stadt und diente lange Zeit als Wohnung, etwa für Chefärzte. Im 19. Jahrhundert wurde die bis dahin offene Barocktreppe durch einen Einbau gegen die inneren Räume abgeschlossen, so dass nun die 23 m lange Galerie der 1. Etage im Innern der Wohnung läuft, die heute dem Theater dient. Der Saal dieser Wohnung ist der Zuschauerraum. Zuletzt war es bis zum Bau eines modernen (neuen) Krankenhauses am Stadtrand Wohnheim für Krankenschwestern.

Als es der Ende 2005 scheidende Prinzipal unter Zahlung einer Miete übernahm, stattete er es seiner Würde und Bedeutung entsprechend aus: Handgedruckte Tapeten aus der Epoche um 1820 (der Entstehungszeit der Marionettenbühne), darunter auch eine kostbare Bildtapete am Ende der langen Galerie, Umwandlung der vielen Türen durch bühnenbildnerische Kunststücke in barocke Türen mit französischen Barockbeschlägen, einen neuen einheitlichen Fußboden aus italienischen Cotto-Fliesen in der Galerie und vieles mehr. Den Großteil der Tapete lieferte ein Hoflieferant der englischen Königin aus London; die Supraporten in der Galerie malte der Prinzipal auf diese Tapete, die mit Liktorenbündeln eingerahmt ist. Der Hof wurde nicht nur von späteren provisorischen Bauten befreit, sondern auf seine Initiative auch mit altem Pflaster aus dem 18. Jahrhundert in einer seiner Epoche entsprechenden Verlegung gepflastert und in der Mitte mit einem stattlichen Nussbaum begrünt.

EPILOG

Vom Prinzipal
zum Intendanten

D er Autor dankt dem Förderverein des Theaters für die Fi-
nanzierung der 2. Auflage
seines Buches, das anlässlich seines
Abschieds erscheint.

Mit dem Ende des Erschei-
nungsjahr dieser zweiten Auflage ge-
be ich als Prinzipal die Zügel aus der
Hand und will mich mit meiner Frau
auf einen Alterssitz im benachbarten
Coburg zurückziehen, kurioserweise

*Ein Ausleger am Staubschen Haus weist
auf das Marionettentheater hin.*

*Ein Blick in den Theatersaal, ausgestattet
mit handgedruckten Tapeten eines englischen Hoflieferanten aus London und mit
dem Gestühl im Stil der Erbauungszeit des
Staubschen Hauses.*

in ein altes Haus, das im gleichen Jahr erbaut wurde, in dem sich die barocke Gassenbühne durchgesetzt hat, nämlich 1604. An meine Stelle wird Arnd Stein treten, ein Fernsehregisseur und Journalist im Alter von 41 Jahren – eine ganze Generation jünger als ich, der 77 jährige Verfasser. Warum aber ein Wechsel vom „Prinzipal" zum „Intendanten"? Weil damit ein struktureller Wandel verbunden ist. Ich habe das Theater als Allroundman geleitet: als Bühnenbildner privat durch einen weltbekannten Großen seines Fachs ausgebildet, als Puppenspieler in der einzigen Möglichkeit, wie diese Art von speziellem Theater weitergegeben werden kann, nämlich durch persönliche Anleitung vom Älteren zum Jüngeren, als Regisseur außerdem durch einen lebenslänglichen Kontakt zum „großen" Theater, dazu mit eigener persönlicher Praxis als Statist und Sänger im Extra-Chor.

Mein Nachfolger kommt mit anderen Vorrausetzungen. Auch er hat sich zwar früh dem Marionettenspiel hingegeben, bis in seine Studienzeit hinein, aber daneben kommt er als Fachmann der Regie und bringt wertvolle Erfahrungen mit für Werbung, Kontakt mit anderen kulturellen Instituten und mit Künstlern und natürlich in Organisation und Menschenführung. Seine Tätigkeit wird deshalb mit der eines Intendanten aus einem großen Hause zu vergleichen sein. Der Begriff „Intendant" stammt aus dem Militärischen. Dort ist die Intendantur verantwortlich für den gesamten Haushalt einer Armee, von der Unterbringung über die Versorgung und das Bereithalten alles Notwendigen bis zu Waffen und Fahrzeugen – es handelt sich um die höchste Verwaltungsinstanz für einen komplizierten Apparat. Von daher ging der Begriff auf die Hoftheater über und wird heute allgemein für alle Theater bis zum Stadttheater gebraucht. Nicht umsonst waren die Intendanten der Hoftheater oft höhere Offiziere mit ihrer organisatorischen Fähigkeit zur Leitung komplexer Einheiten. Mit einfachen Worten gesagt: ein Intendant muss nicht singen können, aber die richtigen Künstler berufen. Er muss nicht (wie ein Prinzipal) selbst auf der Bühne stehen, aber immer die richtigen Leute auf den richtigen Platz stellen, er muss die geistige Grundlinie einer Bühne voll vertreten und danach handeln.

Das alles hoffe und glaube ich in meinem Nachfolger Arnd Stein gefunden zu haben; ich spreche sogar in diesem Zusammenhang von einer Fügung und will diese Begebenheit hier für die Nachwelt festhalten. Als Arnd Stein im Internet von meiner Suche nach einem Nachfolger las, griff er in seine Bibliothek und zog (ein Mann, der diese Zeitschrift zwar gelegentlich gekauft, aber nie gesammelt hatte) das Heft Nr. 8/1988 von „Schöner Wohnen" heraus, von dem er nun (Anfang 2005) noch immer wusste, dass dort eine ausführliche Reportage über mein Theater enthalten war und das er über Jahrzehnte hinweg aus diesem Grunde aufbewahrt hatte: „Das muss der gleiche Loose wie damals sein."

Für den „richtigen Menschen am richtigen Platz" hinterlasse ich ihm als kostbaren Schatz ein Ensemble ausgezeichneter Spielerinnen, Beleuchter, eine erstklassige Bühnenbildnerin, eine Personal- und Betriebsleiterin, eine Leiterin des Künstlerischen Betriebsbüros, einen sowohl elektronisch als auch künstlerisch versierten Cheftechnikers, dazu eine Sammlung von weit mehr als 2000 zeitgenössischen Entwürfen für Bühnenbilder vom Barock bis in die Klassik hinein und als Dauerleihgabe eine ausreichend bestückte Theater-Fachbibliothek. Alle im Ensemble und sonst für die Bühne Tätigen sind ambitionierte Menschen, die Abend für Abend ihr Bestes geben. Das ist ein Fundament, auf dem man weiterbauen kann.

Weiterbauen? Natürlich muss es auch weiterhin Premieren geben, Arnd Stein will nicht in diesem schönen Barock-Palais als Verwalter eines mit dem Tage X eingefrorenen Repertoires residieren. Darüber hinaus aber bringt der Wegzug des bisherigen Prinzipal-Ehepaares auch die Gelegenheit zu einer extensiveren Nutzung der schönen Beletage. Das bedeutet: Verzicht auf zwei bisherige Wohnräume und Einbeziehung dieser beiden Räume zugunsten des Publikums. Es wird nun ein viel bequemeres und besser geeignetes Foyer als bisher geben. Immerhin ist die Besucherzahl von einem Dutzend auf 25 pro Vorstellung gestiegen, und diese vielen Menschen müssen bisher die Pausen in einem Raum von großer Enge zubringen und sich dort zusammendrängen.

Gleichzeitig ermöglichen die beiden gewonnenen Räume, das kulturelle Leben des Theaters und damit gleichzeitig auch der ganzen Sandstrasse (der mittelalterlichen Urzelle Bambergs) durch andere, verwandte Ereignisse zu beleben: Arnd Stein denkt an Lesungen, Konzerte, Rezitationen und dergleichen mehr, die dem Wesen des Theater entsprechen und es nach verschiedensten Seiten entfalten können.

Ein Blick in die Galerie des Theaters.

„Römischer Hafen", Supraporte in einem der beiden neuen Foyer-Räume.

Zum Schluss dieses „Ausblicks nach der zweiten Auflage" sei zweierlei erwähnt: zum einen hat das Theater in den vergangenen mehr als zwanzig Jahren Bamberg etwas beschert, was es seit etwa 1937 nicht mehr gab: eine eigene Opernkultur. Mittlerweile sind schon drei Opern im ständigen Repertoire, die das ganze Jahr über regelmäßig gespielt werden. Denn 1937 wurde das Stadttheater Bamberg (das ein Dreispartentheater war) geschlossen, um einem großen Neubau Platz zu machen, der wegen des Krieges nicht realisiert werden konnte. Relativ spät kam es (in den fünfziger Jahren) zur Wiedereröffnung des alten Stadttheaters, aber nunmehr lediglich als Ein-

spartentheater, als Schauspielhaus (mit jährlich einer Musical-Inszenierung mit singenden Schauspielern). Alles, was seitdem in Bamberg auf dem Gebiet der Oper regelmäßig erlebt werden kann, sind jeweils ein Gastspiel der Bühnen aus Coburg und Hof, das natürlich nur an jeweils zwei oder drei aufeinander folgenden Tagen stattfinden kann.

Von einer eigenen Opernkultur in einer Stadt kann man nur sprechen, wenn das Theater im regelmäßigen Spielbetrieb mit selbst erarbeiteten Inszenierungen aufwarten kann. Genau das aber, die Gründung einer neuen Opernkultur, hat das Marionettentheater, das wegen seiner ausschließlich klassischen Aufführungspraxis ohnehin schon international als „Juwel der Stadt Bamberg" gehandelt wird, der Barockstadt Bamberg geschenkt.

Zum andern ist aber ein Herzenswunsch des Verfassers unerfüllt geblieben und wird nun als eine Art Vermächtnis dem Nachfolger wie der Stab im Stafettenlauf weitergereicht: ein größeres Theater mit größerer Bühne, größeren Figuren und einer barocken Verwandlungstechnik, um die Schönheit klassischer Aufführungen noch leuchtender hervortreten zu lassen. Und, nicht zu vergessen, der Stadt einen regelmäßigen Kulturtourismus zu bescheren mit Besuchern, die nicht nur aus dem Bus steigen, durch Altstadt und Dom geführt werden und nach einer Tasse Kaffee mit Torte wieder einsteigen und dem nächsten Ziel zufliegen. Das alles hat der Verfasser nicht erreichen können, obwohl sein Bestreben über 20 Jahre lang darauf gerichtet war. Immerhin ist er der Realisierung einen nicht gerade kleinen Schritt näher gekommen, denn es gelang ihm, ein entsprechend großes Theater mit von ihm gemalter Ausstattung für mehrere Stücke und mit Figuren, die sein großer Lehrmeister Wilhelm Reinking gearbeitet und von seiner Gattin, der Kostümbildnerin Anneliese Reinking (beide Deutsche Oper Berlin) hat ausstatten lassen, zurückzukaufen.

Diese große Bühne (kurz „Saaltheater" genannt) ist zehn Jahre lang von mir in einem Saal in Oldenburg (Oldb) bespielt und dann abgegeben worden; vor kurzer Zeit konnten wir sie durch Rückkauf aus einem Dornröschenschlaf erwecken, in dem sie viele Jahre in der Zwischenzeit gelegen hatte. Nun ruht sie auf dem Dachboden des Palais, in dem das Bamberger Marionettentheater seine Wirkungsstätte hat, und harrt einer eigentlichen Wieder-Erweckung. Die barocke Verwandlungsmaschinerie braucht dann nur noch eingebaut zu werden, um das Ziel aus dem Ausblick der ersten Auflage dieses Buches zu erreichen. Wie ein Stachel im Fleisch meines Nachfolgers ruht dieses spielfertige Konglomerat aus Latten, Brettern, Kulissen, barocken Bühnenmöbeln und Figuren nun über seinem Haupte (nämlich auf dem nicht isolierten Dachboden …).

Ganz zum Schluss sei noch eine Bemerkung zum Geist, in dem dies Theater geführt wird, gestattet.

Wir wollen weder nur unterhalten noch aus wertfreier historischer Betrachtung Theatergeschichtliches bieten. Dies macht ein Zitat aus der Dankansprache des Prinzipals anlässlich der Verleihung des Berganza-Preises 1991 besonders deutlich:

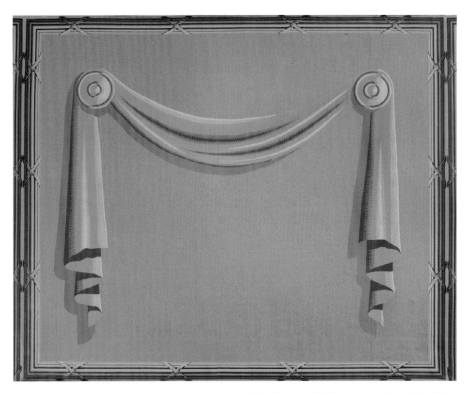

Eine der vom Verfasser gemalten Grisaille-Supraporten in der Galerie des Theaters.

„… es gibt noch einen anderen Grund, weshalb ich mich in dieser Stadt besonders wohlfühle und auch dafür zu danken habe. Das ist, ja, wie soll man das sagen, das ist die Tatsache, dass Bamberg eine geistliche Stadt ist. Wir sind ja nicht ein Theater, das einfach so sagt, da lassen wir die Puppen tanzen, sondern Sie werden das, sofern Sie bei mir schon zu Besuch waren, gespürt haben, dass wir in der Auswahl der Stücke und der Art, wie wir die Stücke spielen, uns bemühen, etwas von dem zu vermitteln und über die Rampe zu bringen, was man mit dem natürlich sehr abgenutzten Begriff vom ‚Christlichen Abendland' umschreiben kann. Und ich glaube auch, dass das hier in Bamberg, der Bischofsstadt von altersher, wo die Tradition des geistlichen Anspruchs lebendig ist und die Religiosität ihren festen Platz hat, dass man das wohl versteht. Und das trägt auch – jedenfalls von mir aus gesehen –, dazu bei, sich in dieser Stadt wohlzufühlen."

Kein Volk kann als Volk ohne eine Religion existieren. Unsere, die deutsche Religion und Kultur ist vom christlichen Glauben geprägt, und wir sehen es als unsere Aufgabe an, mit dem Wirken dieser Bühne auf diesem Wege zu bleiben. Dass wir damit nicht nur Theater machen, sondern auch die Herzen der Menschen erreichen, das zeigt uns Abend für Abend die Reaktion unserer Zuschauer.

Um die Interessen des Theaters zu wahren und zu fördern, hat sich 1996 ein Förderverein „Freunde des Bamberger Marionettentheaters" gegründet.

SIND WIR HOFFNUNGSLOS VERALTET?

Dazu Auszüge aus einem Interview mit einem berühmten Sänger im April 2005 (Roberto Alagna):

Woran liegt es, dass man Sie selten in Deutschland hört?

Alagna: Das hat verschiedene Gründe ... Und dann die Inszenierungen! Die sind oft nicht gut oder zumindest nicht nach meinem Geschmack. Gerade München hat mich ja schon öfters angefragt, zum Beispiel für „Manon Lescaut". Doch dann habe ich das Video von der Produktion bekommen: vier Akte lang dieselbe Treppe und das Ganze ohne Pause. Nein, so etwas mache ich nicht mit.

Wie müsste denn eine Inszenierung aussehen, die nach Ihrem Geschmack ist?

Alagna: Das müsste eine moderne Inszenierung sein in traditionellem Geschmack. Mit modern meine ich die Personenführung, die Gestik, Sänger müssen spielen, wie im Theater oder im Film. Mit dem traditionellen Gewand meine ich das Bühnenbild. Kinofilme bekommen immer noch opulentere Ausstattungen, während in der Oper alles immer abstrakter wird. **Schöne Bühnenbilder, die bereits von sich aus eine Geschichte erzählen, die etwas zum Stück aussagen, sind verpönt.** Statt dessen zeigt man uns aktelang eine leere Bühne, am besten noch in dämmrigem Licht. **Aber die Leute wollen etwas Schönes sehen – im Kino genau so wie in der Oper.**
…
Es kann doch nicht sein, dass wir Sänger zu absoluter Partiturtreue angehalten werden, dass wir alles ganz original und nach den Wünschen der Komponisten realisieren müssen, während sich die Regisseure immer weiter von den Intentionen der Autoren entfernen.

Wie fühlt man sich denn als Sänger, …?

Alagna: ... Und wenn man sieht, dass man die Herzen der Menschen erreicht hat, die ganze Arbeit, die Aufregungen und Ängste nicht umsonst waren, dann macht einen das wirklich sehr glücklich.

(Aus: „Das Opernglas", Fachzeitschrift, April 2005)

Und was sagt ein berühmter Trendforscher?
(Peter Wippermann, Hamburg)

Überraschenderweise kommt bei seinen (in die Zukunft gerichteten) Forschungen öfter als erwartet das Thema Tradition in den Blick. Darin manifestiert sich für ihn das Bedürfnis nach Bekanntem, die Sehnsucht nach Konstanten in einer sich immer schneller wandelnden Welt.

(Aus: „mobil", der ICE-Zeitschrift der Deutschen Bahn, Mai 2005).

Und zum Schluss noch einmal die Stimme einer Künstlerin
(Sumi Jo)

Für die Oper braucht man eine gute Technik. Aber zusätzlich muss man auch ein Geschenk von Gott haben, das gewisse Etwas. Und wenige Menschen haben dieses Geschenk, diese Fähigkeit, Emotionen zu wecken. Das kann man nicht lernen. Es hängt davon ab, wie man der Welt gegenübertritt. Wir müssen die Welt mit Kinderaugen sehen, ganz unschuldig. Wenn man selber nicht berührt wird, wie will man dann andere Menschen berühren? Wenn mir jemand nach einem Auftritt sagt, ich hätte ihm emotional etwas geben können, dann ist dies das größte Kompliment für mich.

(„Das Opernglas", Mai 2005)

AUSWAHLBIBLIOGRAPHIE

In der Auswahlbibliographie sind Bücher, Zeitschriften und Illustrierte aufgelistet, in denen das Theater erwähnt ist. Daneben gibt es in Tageszeitungen, Zeitschriften, bei Rundfunk- und Fernsehsendern zahlreiche Reportagen, Features und Rezensionen. Darüber hinaus wird auf einige ergänzende Publikationen zum Marionettentheater verwiesen.

Kunstverein Bamberg, einhundertsiebzig Jahre, 1823–1993.
    Bamberg 1994 (S. 141 f., 162–168)

Landschaft und Wirtschaft. Bremerhaven: Wirschaftsverlag NW 1977
    (und andere Jahrgänge)

Oldenburgische Hauskalender 1982. Stalling Verlag (S. 37–40)

Quickborner Marionettentheater: Festschrift zur Eröffnung des Theaters am 2. Sept. 1982 (S. 6–13, Abb. auch S. 2, 5, 8, 11, 15:
    Dekorationen von Klaus Loose)

Riedel, Karl Veit: Puppentheater in Oldenburg. Oldenburg: Heinz
    Holzberg 1982. S. 13, 27 ff., 126–129, 163 f., Anm. 8–12, Abb.
    55–59, (dort Hinweise auf Presseveröffentlichungen)

Ruhrspiegel Essen: Reisetips für Sie. Das große Reisejournal.
    1977 u. a. Jahrgänge (S. 37)

Sänger, Michael: Alles hat seine Zeit. Erinnerungen 1945–1995.
    Lingen 1995 (S. 221 ff.)

„Schöner Wohnen": Die Seele dieses Hauses ist ein Theater
    (Bildreportage). Nr. 12/1977, S. 262 ff.

„Schöner Wohnen": Spielraum für zwei Passionen (Bildreportage).
    Nr. 6, 1988, S. 110 ff.

Schuster, Karl: Das Spiel und die dramatischen Formen im Deutschunterricht. Theorie und Praxis.
    Baltmannsweiler: Schneider 1996, 2. Aufl. (S. 30–35)

Unima (British): The Bamberg Marionette Theatre of Klaus Loose.
    Bulletin Nr. 92, (Glasgow July 1996) (S. 13–15)

Unima-Zentrum (Zeitschrift): „Das andere Theater".
    Sonderheft 1996 (S. 94)

Weber-Unger, Jochen: Genoveva. Die Legende auf der Puppenbühne.
    Frankfurt/Main: Verlag Wilfried Nold 1996 (S. 91 und 112)

The Drottningholm Courttheatre. Its advent, fate and preservation.
    Stockholm: Byggverlaget 1993

Ergänzende Literatur:

Cotrubas, Ileana: Opernwahrheiten. Wien, Holzhausen 2002

Engel, Carl: Don Juan oder der Steinerne Gast. Oldenburg 1875
    (von Carl Engel stammt noch eine ganze Reihe von weiteren
    Texten)

AUSZEICHNUNGEN

1982 Stadtbildpreis Oldenburg (Oldb) (Klaus Loose)

1986 Verdienstmedaille des Verdienstordens der Bundesrepublik
Deutschland (Klaus Loose)

1991 Berganza-Preis des Kunstvereins Bamberg (Klaus Loose und
Ensemble)

1995 Verdienstmedaille der Stadt Bamberg (Klaus Loose)

1996 Bundesverdienstkreuz am Bande des Verdienstordens der
Bundesrepublik Deutschland (Klaus Loose)

1996 Anerkennungsurkunde der Bayerischen Staatsministerin
für Arbeit und Sozialordnung für die Förderung von Frauen
auf dem künstlerischen Sektor
(Bamberger Marionettentheater)

2002 Aufnahme in das Europäische „Who is Who?"
(http://www.whoiswho.co.at/allebio/index.html)